高校英语信息化教学研究

党菲菲 王 曦 ◎ 著

吉林出版集团股份有限公司

图书在版编目（CIP）数据

高校英语信息化教学研究 / 党菲菲，王曦著. — 长春：吉林出版集团股份有限公司，2021.11
ISBN 978-7-5731-0667-4

Ⅰ. ①高… Ⅱ. ①党… ②王… Ⅲ. ①英语—教学研究—高等学校 Ⅳ. ①H319.3

中国版本图书馆 CIP 数据核字 (2021) 第 235988 号

高校英语信息化教学研究

著　　者	党菲菲　王　曦
责任编辑	滕　林
封面设计	林　吉
开　　本	787mm×1092mm　　1/16
字　　数	210 千
印　　张	9.5
版　　次	2021 年 12 月第 1 版
印　　次	2021 年 12 月第 1 次印刷
出版发行	吉林出版集团股份有限公司
电　　话	总编办：010-63109269
	发行部：010-63109269
印　　刷	北京宝莲鸿图科技有限公司

ISBN 978-7-5731-0667-4　　　　　　　　　　　　　定价：78.00 元

版权所有　　侵权必究

前 言

随着以计算机、多媒体、通信、网络、人工智能等为代表的信息收集、处理、加工、传输等技术的飞速发展，信息技术逐渐渗透到社会生活的各个领域，并不断改变着人们的生产、生活方式和思维、学习方式。而思维和学习方式的改变，也将带动教育教学方式发生相应的变革。目前，以教育的信息化来深化教育改革已成为教育发展的趋势。教学作为教育活动的重要方面，对教学的信息化日益成为人们关注的焦点。随着素质教育理念和新课改教学理念的推出，人们正在从宏观和微观两个层面推进信息化教学的步伐。信息化教学在素质教育理念的引领下，从教育的价值观、目的观、人才观等层面逐渐树立了新的教育理念。而新课改则从教学目标、学习方式、师生角色、评价方式等微观层面，引导着信息化教学的实践和发展方向。

教育信息化是国家信息化建设的战略重点，也是国家信息化的重要组成部分，是教育改革发展不可或缺的支撑和推动力。信息化已经成为 21 世纪教育发展的鲜明时代特征，成为各高校必备的重要信息基础设施，其规模和应用水平已成为衡量学校教学与科研综合实力的一个重要标志。2011 年，教育部专门组建了教育信息化领导小组，成立了专门的教育部教育信息化推进办公室，落实了教育信息化的领导机构和责任部门，推进了教育信息化管理体制改革，为教育信息化全面、深入、科学地发展奠定了基础。

信息化技术的发展为我国大学英语教学思维的转变、教学效果的提升提供了新的思路和可实现的必要条件。本书共分为七章，以理论和实践相结合，首先介绍了教育信息化和教学信息化的概念和内涵，为教育信息化建设及深入研究提供了重要的认识基础。从信息时代的高校英语教学研究背景出发，探讨了高校英语信息化教学模式构建的理论与途径、信息化教学方法的应用、信息化教学资源优化和教学资源库建设、信息化教学评价以及高校英语信息化教学中教师应该具备的信息化能力。

总之，信息化时代，英语教育理念与方法研究，是当前特定时代背景下，信息技术英语教学应用与人的意识理念、社会发展环境和学科教育体系等诸多复杂矛盾的探索求解过程，是英语学科教育对信息技术革命这一社会前沿性实践的理论回应。希望本书可以为高校英语信息化教学研究提供一些思路。

作　者
2021 年 3 月

目 录

第一章 教育信息化综述 ... 1
- 第一节 教育信息化产生的背景 ... 2
- 第二节 教育信息化的内涵与特征 ... 3
- 第三节 教育信息化的发展历程 ... 8
- 第四节 信息技术与课程整合 ... 20

第二章 信息化教学 ... 25
- 第一节 信息化教学的定义 ... 25
- 第二节 信息化教学与传统教学模式的差异 ... 27
- 第三节 信息化教学模式的理论基础 ... 31
- 第四节 信息化教学环境 ... 42

第三章 高校英语信息化教学研究背景 ... 45
- 第一节 现代信息技术与高校英语教学的融合发展 ... 45
- 第二节 高校英语课程改革提出的新要求 ... 46
- 第三节 大数据时代慕课对高校英语教学提出挑战 ... 48
- 第四节 高校英语信息化教学现状 ... 51

第四章 高校英语信息化教学模式研究 ... 54
- 第一节 信息技术与高校英语教学设计的整合意义 ... 54
- 第二节 现代信息技术下高校英语教学模式的理论框架 ... 62
- 第三节 高校英语信息化教学模式的构建路径 ... 67

  第四节 高校英语信息化教学模式 ………………………………………… 73

第五章 高校英语教师的信息化教学能力研究 ……………………………… 82
  第一节 教师信息化教学能力概述 ………………………………………… 82
  第二节 教师信息化教学能力构成 ………………………………………… 85
  第三节 教师信息化教学能力的发展策略 ……………………………… 90
  第四节 信息技术与英语教学整合过程中的大学英语教师 ………… 98

第六章 高校英语信息化教学方法研究 …………………………………… 108
  第一节 教学方法概述 …………………………………………………… 108
  第二节 信息化教学方法概述 …………………………………………… 113
  第三节 高校英语信息化教学方法 ……………………………………… 121

第七章 高校英语信息化教学资源研究 …………………………………… 125
  第一节 信息化教学资源概述 …………………………………………… 125
  第二节 高校英语教学资源概述 ………………………………………… 129
  第三节 高校英语教学资源优化应用策略 …………………………… 133
  第四节 高校英语数字教学资源库的建设 …………………………… 137

参考文献 ……………………………………………………………………………… 143

第一章　教育信息化综述

全国乃至全世界的教师都意识到，由于多媒体和网络技术，特别是互联网的发展，教育的形式和内容都发生了深刻的变化，并且推动了面向信息社会的教育改革。应用多媒体教学和网络学习，实现教育信息化和促进教学内容与方法的变革，迎接正在到来的信息社会对教育的挑战，已经成为当代教育的重要发展趋向，许多国家在制定其发展战略时都把教育信息化作为重要因素加以考虑。

比尔·盖茨在《未来之路》一书中写道："……未来社会属于那些具有收集信息、选择信息、处理信息和应用信息能力的人。"互联网带给我们的不仅是计算机的联网，而且是人类知识的联网，是人脑的延伸。在这样一个时代背景下，教与学的方法、目标必然会产生巨大的变化。让学生的头脑成为创造的火炉而不是容纳答案的容器，这是许多教育工作者苦苦追寻的目标。

教育本身承载的是一个国家民族素质的提高，文化和价值观念的继承与发展。社会每一次的深刻变革都是教育（教育的原始状态是经验的积累与继承）长期积累的结果，而社会革命一旦成功又反过来深刻地影响着教育，尤其是对知识的认识手段及传播方式。造纸术的发明将世界带入了知识载体的新纪元，彻底结束了如"东方朔给汉武帝上书，用了三千片竹简，两个人才扛得起"的沉重浩繁的知识载体的历史，从而极大地加快了信息的传播。印刷术（尤其是活字印刷术）的发明，把烦琐的誊写工作变成轻松的复制工作，加快了知识的规模传播。到了工业社会，广播、投影、幻灯、电视等一系列的发明创造，把教育引向了大规模、大范围的远程教育时代。

自 20 世纪 90 年代以来，由于计算机网络技术的迅猛发展，多媒体技术的广泛运用，尤其是 Internet 的快速发展，推动了面向社会的信息改革，使信息化在 21 世纪异军突起，对现代社会、科学、经济、文化、教育等产生了深刻的影响。最突出的表现是使现代教育爆发了一场新的教育革命，这就是教育信息化的来临。教育信息化的来临打破了传统教育中简单地运用计算机多媒体的教育形式，取而代之的是真正地将现代教育媒体的巨大潜力充分发挥在现代信息化的教育实践之中。那么，教育信息化是如何产生的？它的内涵是什么？有什么样的特征？对现代教育有着什么样的本质的意义呢？

第一节　教育信息化产生的背景

现代电子计算机技术的飞速发展，离不开人类科技知识的积累，而知识的积累又是教育的长期性结果。正是这样一代代的积累才构筑了今天的"信息化大厦"。下面让我们来回顾一下教育信息化的背景。

1623年，Wilhelm Sehickard（1592—1635）制作了一个能进行6位数以内加减法运算，并能通过铃声输出答案的"计算钟"，标志着人类历史的机器运算的开始。人类以机械方式运行的计算器历经了百年的积累之后，随着电子技术的突飞猛进，计算机开始了真正意义上的由机械向电子时代的过渡，电子器件逐渐演变成为计算机的主体，而机械部件则渐渐处于从属位置。二者地位发生转化的时候，计算机也正式开始了由量到质的转变，由此促成电子计算机的正式问世。

1946年2月，第一台电子计算机ENIAC在美国加利福尼亚州问世，ENIAC用了18000个电子管和86000个其他电子元件，有两个教室那么大，运算速度却只有每秒300次各种运算或5000次加法，耗资100万美元以上，揭开了计算机时代的序幕。

计算机的产生极大地拓展了人们的数值运算和逻辑运算能力，可以看作人类大脑的延伸。运算能力的拓展使知识的传播能力相形见绌。大脑的延伸要求人的眼、耳、口、鼻都要有相对应的延伸能力，于是互联网多媒体技术的发展成为必然。Internet最早起源于美国的ARPAnet，该网于1969年投入使用，最初用于军事方面。让互联网真正飞速发展的事件是1987年商业化互联网的诞生，电脑的日益普及和互联网的商业化发展促成了一个惊人的奇迹。互联网的出现让博大的地球成为"地球村"，信息的传播能力空前发展，并且以极快的速度改变着人们的生活方式，信息化应运而生。信息化带给人们生活方式的改变绝不仅仅是一种技术在社会中的应用，还是整个社会的变革，标志着一个新时代的诞生。

信息化的到来对教育的影响也同样深刻，而且意义重大。一方面要求教育顺应信息时代的发展需要；另一方面要求教育能培养出大量的信息化高素质的人才。那么，信息时代的人才与之前的工业社会人才要求有什么不同呢？概括地说，在一个信息爆炸、知识高速增长的信息化社会，"告诉了知识的公民"将不再受欢迎，社会需要的是"有知识的公民"。诺贝尔奖获得者、著名认知心理学家赫伯特·西蒙（Herbert Simon）曾这样指出，在以往，"知道"意味着记忆中留下的东西，即拥有一系列知识。但到了今天，要靠个人或某些机构"记忆"或拥有的知识实在太多了，即使图书馆也无力收藏哪怕是全球信息和知识中的一小部分。所以，应将"知道"看成掌握信息处理的"方法"。

在社会发展的历史进程中，我们不难发现：信息化为教育带来了空前发展的机会，带动了教育信息化的革命。教育又需要通过自身的变革来不断满足信息化社会发展的各种需要，其中信息化人才的培养成为当前教育的重任。教育信息化便应运而生了，这便是教育信息化产生的大背景。"教育信息化"这一概念是在20世纪90年代伴随着信息高速公路的兴建而提出来的，其核心是把IT在教育中的应用作为实施面向21世纪教育改革的重要途径。我国自20世纪90年代末开始，随着网络技术的迅速普及，整个社会的发展与信息技术的关系越来越密切，人们越来越关注信息技术对社会发展的影响，"教育信息化"的提法也开始出现，并逐渐形成理论体系。

信息化时代正是由于可以更便捷地获得和使用信息，而使社会发展的速度加快。信息时代的教育正是由于信息化的引入，而发展成为超越时空、资源共享的现代化教育。所以，教育信息化是教育现代化发展的必然结果。

第二节　教育信息化的内涵与特征

翻开20世纪的历史，我们可以看到教育信息化的概念是在20世纪90年代伴随着信息高速公路的兴建而提出来的。美国克林顿政府于1993年9月正式提出建设"国家信息基础设施"（national information infrastructure，简称NII），俗称"信息高速公路"（information superhighway）的计划，其核心是发展以Internet为核心的综合化信息服务体系和推进信息技术（information technology，IT）在社会各领域的广泛应用，特别是把IT在教育中的应用作为实施面向21世纪教育改革的重要途径。美国政府这一举措的初衷只是想推动其信息技术在各领域的广泛运用，不料却打开了一场世界性的教育改革的大门，连美国自己也始料不及。自此，各国也不甘示弱，纷纷打开信息化改革的大门，一场教育的革命由此拉开序幕。

一、教育信息化的概念

在提出教育信息化的概念前，首先让我们来了解一下信息化。信息化是指将信息作为构成某一系统、某一领域的基本要素，并对该系统、该领域中信息的生成、分析、处理、传递和利用所进行的有意义活动的总称。我们将信息的生成、分析、处理、传递和利用称为信息技术。如表1-1所示，信息化包含三层含义：一是对信息重要性的认识；二是将信息作为一种基本的构成要素；三是强调了信息化是一个不断变化的过程而非一种状态。

表 1-1 信息化三层含义表

信息化三层含义	举例
对信息重要性的认识	信息对社会发展的存储产生作用 信息对事物发展变化的认识作用 信息对个体综合能力的推动作用
信息作为一种基本的构成要素	信息是系统运行的依据 信息是系统工作的对象
信息化是一个不断变化的过程而非一种状态	信息的生产利用 信息的处理传递 信息的生成分析

信息化是一个复杂的过程，它的复杂性不仅在于它是对相对抽象的信息的生成、分析、处理、传递和利用，还在于在瞬息万变的信息活动中将信息有机地整合起来。教育信息化既然是在信息化的大前提下产生的，这就决定了其复杂程度绝不会亚于信息化。

华东师范大学的祝智庭教授认为：教育信息化是指在教育领域全面深入地运用现代化信息技术来促进教育改革和教育发展的过程，其结果必然是形成一种全新的教育形态——信息化教学。华中师范大学的傅德荣教授认为：教育信息化是将信息作为教育系统的一种基本构成要素，并在教育的各个领域广泛地利用信息技术，促进教育现代化的过程。上海师范大学的黎加厚教授认为：教育信息化是以现代信息技术为基础的新教育体系，包括教育观念、教育组织、教育内容、教育模式、教育技术、教育评价、教育环境等一系列的改革和变化。教育信息化并不简单地等同于计算机化或网络化，而是一个关系整个教育改革和教育现代化的系统工程。

不管是哪一种定义，我们都可以看出，教育信息化非常强调将信息技术运用到教育过程中，从而推动教育发展的整个过程。因此，教育信息化是一个变化的过程，是在信息化变动的前提下，实现的教育变化的一个过程。通俗一点说，信息与教育的互动关系如同物体加速度与速度之间的关系，信息化程度越高，即加速度就越大，教育也就会更快速地发展，这正体现了信息化发展与教育信息化内在的必然联系。信息化是教育信息化的基石，在信息化条件下发展起来的教育对现代的教育形式与内容所起的影响日益增大，这就必然引起教育信息化的快速发展。

二、教育信息化的含义

教育信息化包括两层含义：一是教育培养适应于信息化社会的人才，二是教育把信息技术手段有效应用于教学科研和教学管理。教育信息化要求学生会使用计算机，学会对信息的收集、选择、处理及创造；要求学校的教育手段信息化和现代化，并且要有高效的校园网络、信息库、闭路电视系统；要求我们基于创新教育的要求，基于培养面向信息社会的人才的要求，认真地对教育系统进行信息分析，有效地应用信息技术，培养出 21 世纪合格的信息化人才，实现教育现代化。因此，教育信息化是一种过程，但绝不只是一种信息机器简单地引入教育的过程，更不能认为教育信息化就是信息化机器的应用过程，而是一种教育思想及观念的变化过程，是基于创新教育的思想，有效地利用信息技术，实现创新人才培养，实现教育现代化的过程。

三、教育信息化的内容

教育信息化的核心内容是信息技术在教育中的应用，因此教育信息化的过程都是围绕信息技术在教育中的应用展开的。目前，各学者对教育信息化基本内容的认识主要有以下几种：

（1）教育信息化的内容是信息技术在教育中的应用，具体包括：教育信息环境的完善；教育资源的建设和使用；人才的培养。

（2）教育信息化包含教师教育信息化、硬件设施、信息技术课和资源应用。

（3）教育信息化的内容可以分为：信息网络基础设施建设，教育信息资源建设，信息技术的应用，信息化人才的培养和培训，教育信息技术产业，信息化政策、法规和标准。

（4）教育信息化的内容包括：基础设施建设、环境建设、信息化资源建设、信息化人才培养、远程教育。

从以上的几点认识上我们归纳出：

（1）教育信息化的前提是环境的完善和教育资源的建设。

（2）教育信息化的过程是将信息技术作为工具在教育中应用。

（3）教育信息化的目的是实现信息技术型人才的培养。

这些说法都对，但都侧重在手段方法上，没有贴近教育的本质。教育的本质意义在于培养完整的人。教育的本质应该是对人本身的一种完善，是人从不完善走向文明、完善的一个过程。培养文明、杰出的人是教育的终极目标。简单地说，教育就是"成人"的过程，或者说是人为的积极意义上的"成人"过程。教育信息化是教育的产物，这就注定它必然要符合教育"成人"的意义。否则，所有的工具、手段、过程都将毫无意义。

因此，笔者认为，教育信息化的内容是：利用包括教育信息环境的完善、教育资源的建设与使用，以及师资信息化素养的培养在内的多种信息技术在教育中的综合应用，来培养适应信息时代发展的人才的理论、工具、方法及过程的总和。

四、教育信息化的主要特征

教育信息化的特征可以从三个方面来探讨。祝智庭教授在《教育信息化的概念与特征》中提到了两个层面：一个是教育层面，一个是技术层面。他认为，从技术上来看，教育信息化的基本特点是数字化、多媒体化、网络化和智能化。数字化使教育信息技术系统的设备简单、性能可靠和标准统一。多媒体化使信息媒体设备一体化、信息表征多元化、真实现象虚拟化。网络化使信息资源可共享、活动时空少限制、人际合作易实现。智能化使系统能够做到教学行为人性化、人机通信自然化、繁杂任务代理化。从教育层面来看，有七大特征：①教材多媒体化；②资源全球化；③教学个性化；④学习自主化；⑤活动合作化；⑥管理自动化；⑦环境虚拟化（表1-2）。

表1-2 教育信息化的主要特征

技术层面	数字化、多媒体化、网络化、智能化
教育层面	教材多媒体化；资源全球化；教学个性化；学习自主化；活动合作化；管理自动化；环境虚拟化
社会层面	教育信息外溢性；教育技术的创新性；教育效益理论性；强有力的产业带动性

这两个方面全面地论述了教育信息化的特征。教育信息化的教育特征和技术特征非常明显，一般不容易为人们所忽视。其实除这两个方面外，教育信息化的特征还应包括社会层面。由于人们对教育的认识往往不会涉及社会的层面，我们在探究教育信息化的过程中常常忽视教育的社会性。信息化的社会特征包括：明显的信息外溢性；极强的技术创新性；广泛的技术渗透性；较高的经济效益性；强劲的产业带动性。从社会层面来看，教育信息化也就有了四大特征：

（1）教育信息外溢性。其实就是教育资源的共享互补问题。信息化如果不能实现信息在一个大范围内的共享，那么信息化就成了失去翅膀的鸟，根本不能生存发展，更不可能实现对教育的贡献。因此这正是教育信息化的优势特征。

（2）教育技术的创新性。教育技术是教育信息化主要的理论与实践领域。因此教育技术的发展对教育信息化来说至关重要。教育技术是指为了促进学习，对有关的过程和资源进行设计、开发、利用、管理和评价的理论和实践。因此教育技术的创新就是对设计、开发、利用、管理和评价的创新，既包括对硬件技术的创新，也包括对软件技术的创新。这是教育信息化的内容特征。

（3）教育效益理论性。以前说教育似乎与效益扯不上什么联系，其实效益放于教育中，就是一种教育成果和教育投资的关系。如何让我们的教育投资有效益和有意义，这就需要教育效益理论。尤其是在教育信息化中，常常出现投资多、收获少，硬件好、软件差等问题，严重地影响了教育的效益。这是教育信息化的效益特征。

（4）强有力的产业带动性。教育信息化的发展必须依赖于信息化的发展。大量的研究结果显示，信息产业是一个产业链很长、产业感应度与带动度都很高的产业。如果这些相关的产业发展不起来，没有发挥强有力的带动作用，那么教育信息化就成了空中楼阁，无本之木，无源之水。教育信息化能在这样的环境中发展得怎么样，自然不言而喻。这一特征就是教育信息化的环境特征。

以上特征都是教育信息化区别于其他事物的属性，是我们进行教育信息化建设的理论由来。因此，都是很重要的认识基础，对我们的教育信息化的建设具有很重要的指导意义。

五、教育信息化的本质意义

教育信息化的来临必将改变我们所熟悉的教育模式、教育思想、教育观念和教育理论。随着信息化程度在教育领域的深入，教育将面临前所未有的机遇和挑战。我们应该看到，无限的发展空间与进步契机带给我们的不仅仅是希望与辉煌，还为我们带来了教育领域全新的理念和全新的模式，更为重要的是为我们提出了新的发展要求与奋斗目标。教育信息化的概念与特征告诉人们教育信息化本身就是一种发展变化的过程，是站在教育、技术、社会三块基石上的新时代骄子。我们所做的任何研究与实践，归根结底都要在尊重其自身的本质与特征的基础上验证并完善其本质与特征。谁能对教育信息化理解得更深，谁能将教育信息化解释得更符合实际，谁就能够站在教育信息化起点的最前沿。

事物的特征往往显现在表层，抓住了事物的表面特征意味着对事物有了实践层面的应用能力。但如果能透过表面现象看到事物的本质，那就意味着我们对事物的理解已经上升到了科学层面。当经历了一段时期的积累以后，关于事物的理论体系开始逐渐形成，于是在事物的实践层次与应用层次上建立起哲学层次的理论，这是人类认识事物的规律。教育信息化是基于教育学理论与信息化技术之上的新事物。教育信息化虽然有很多不同的提法，也存在着很多理论，但归根结底都离不开其教育的本质和技术原性。

我们认为，透过教育信息化的技术特征、教育特征、社会特征来看其本质，相应地就产生了三个层面的本质，即技术层面的本质、学科层面的本质、哲学层面的本质。技术特征和社会特征对应的是技术层面的本质，教育特征对应的是学科层面的本质，而哲学层面的本质则是前两种本质的统一和宏观总结。

（一）从技术层面看教育信息化本质

把信息看作一种工具，把信息技术看作一门技术。当在教育中积极地应用信息技术优化教学、促进学习、提高绩效时，就产生了教育信息化的技术本质：以提高教学效率为目的的信息技术在教育当中的全面应用。例如，华东师范大学的祝智庭教授认为：教育信息化是指在教育领域全面深入地运用现代化信息技术来促进教育改革和教育发展的过程。华中师范大学的傅德荣教授认为：教育信息化是将信息作为教育系统的一种基本构成要素，并在教育的各个领域广泛地利用信息技术，促进教育现代化的过程。这两种表述并不能说不对，但它们强调的是以技术为核心对教育的改进过程，具有明示的应用实践的特点，用于指导教育信息化的具体实践很好，但用于总体学科性的把握就未必精准。那么什么样的本质概括才能精准地抓住教育信息化的学科本质呢？只有教育信息化的学科本质，即教育学特征后的教育信息化本质。

（二）从学科层面看教育信息化本质

对应着教育信息化技术本质把信息看作工具，其学科本质则把信息看作"成人"的环境。当人在这种信息化的环境当中通过一定的教育引导完成知识"成人"和精神"成人"时，就产生了教育信息化的学科本质：在信息化的环境中培养具有时代特征的完整的人。这是回归教育本质对教育信息化的认识。前面曾讲到，教育的本质意义在于培养完整的人。教育的本质应该是对人本身的一种完善，是人从不完善走向文明、完善的一个过程，培养文明、杰出的人是教育的终极目标。简单地说，教育就是"成人"的过程，或者说是人为的积极意义上的"成人"过程。教育信息化是教育的产物，这就注定它必然要符合教育"成人"的意义。否则，所有的工具、手段、过程都将毫无意义。

基于教育学科的特点结合信息技术，笔者认为：教育信息化是利用信息技术创造出一系列的教育环境，并应用到对人才的培养中，从而提高全民综合素质，尤其是信息素养的提高来塑造适应信息化时代发展的新一代复合型人才的全部过程。

（三）从哲学层面看教育信息化本质

哲学是教育的普遍原理，在教育中起到思辨、批判、规范的作用。道理很简单，哲学是一门宏观意义上的科学，我们称为科学的科学。故教育信息化的发展从哲学层面来看只是对传统教育的批判、思辨与规范的结果。

柏拉图说过，"教育在其最高的意义上而言就是哲学"，即教育的本质方向，这个方向决定着教育实践与作为抽象价值的"真理"的关系。因而这个方向就是教育的本质、教育的目标和教育的理念。这个意义告诉我们，教育作为一种人类特殊的生产活动，需要遵循一种理想的理念。这种理念就如同手工艺者以一种理想形式为依据制作床和桌子一样。人类教育需要从哲学中寻找一种理想模型，即一种理想化的教育哲学理念来指导我们的教育教学形式。

理想化的教育哲学理念应当把心灵的塑造、人格的养成、知识的积累、批判精神贯穿、创新思维的培养看作教育的本质意义，而且在很大程度上心灵的塑造和人格的养成，即对真善美的追求应当比知识本身更为重要。从这个角度出发，教育信息化的本质应该是这样的：在传统教育的批判基础上，信息技术自然地融入心灵塑造和人格培养方法之中，以规范传统教育，进行新一轮关于现代社会的知识积累、思维培养的思辨。

第三节 教育信息化的发展历程

教育信息化建设对转变教育思想和观念，促进教育改革，加快教育的现代化发展都有积极的作用；对深化基础教育改革，提高高等教育质量和效益，培养具有创新能力的时代人才更具深远的现实意义。教育信息化不仅是改革传统教育培养模式的有效途径，更是提高国民素质的重要措施。因此，自20世纪90年代美国提出"教育信息化"这一概念以来，教育信息化便以"沟通未来"的姿态始终是各国教育发展中考虑的重要因素。这主要表现在三个方面：一是通过立法或颁布政策法规，把信息教育课程列入正式课程，并增大教育现代化的投资；二是注重教育信息资源的开发和利用；三是投入大量的人力和物力在教育信息化的理论与实践方面进行深入的研究，使教育信息化的理论与实践迅速发展完善起来。

综观世界各地的教育信息化发展局势，祝智庭教授将之概括为四句话：美国一马当先，欧洲稳步前进，亚洲后来居上，中国奋起直追。这是国内外教育信息化发展进程生动形象的概括。

一、国外教育信息化的建设发展

（一）美国教育信息化

美国自1993年9月正式提出建设"国家信息基础设施"以来，克林顿政府一直特别重视教育信息化的建设，当时就确定了学生每人一机，教师用电脑如同用白板一样熟练的计划。早在1996年，美国就表示到2000年必须实施100%的学校与国际互联网联通，使美国从小学到大学都实行"人、机、路、网"成片的唯一国家。这一做法无疑是为了抢占国际教育信息化的制高点，用教育信息化的迅速发展来培养大量现代化的信息人才，以带动国家的政治、经济、科教、文化等多方面发展，从而巩固其所谓的世界霸主的地位。因此，美国对教育信息化建设始终都极其重视，将其视为对未来的高效益投资。到1997年2月13日，美国教育部又发表了与时任总统克林顿教育行动纲领相应的举措说明，其中教育信息化的条款占有重要地位，如使所有教师都能够掌握现代化计算机技术，为教师帮助学生掌握计算机技术提供培训和资助。为实施美国教育行动计划，1998年美国政府投入510亿美元巨资，旨在使每一位美国公民都能利用信息技术进行终身学习。为了尽快实现这一目标，美国首先从中小学教师的教育信息化应用培训开始。在美国的积极推动下，教育信息化建设在美国取得了迅猛的发展。据统计，在美国，通过网络进行学习的人数正以每年300%以上的速度增长。21世纪初，已经有超过7 000万美国人通过网络获得知识和工作技能、技术，超过60%的企业通过网络进行员工的培训和继续教育。1994年，美国与网络联通的学校只有3%；1999年，这个数字已被改写成63%；2000年，这个数字又被刷新为90%以上。据2000年5月的《财富》杂志报道，美国教育和培训的产值达到7 720亿美元，占国民生产总值的9%。

在远程教育的信息化方面，美国具有学校参与众多、媒体技术多样、社会公司参与度高及服务面宽等特点。据美国联邦教育部国家教育统计中心对高等教育机构远程教育的调查，1997—1998年，美国5020所大学中有1690所提供远程教育课程，占高等学校总数的34%，约166万名学生注册接受各种形式的远程高等教育，占所有类型高校在校生总数（约1434万人）的11.6%。美国国际数据公司数据显示，1999年美国远程教育的年收入大约是6亿美元，到2002年这个数字上升到了100亿美元。

近年来，美国信息技术教学工具在教学中的应用发展都非常迅速。例如，目前已有86.4%的美国高校在教学中使用计算机辅助软件进行教学，69.5%的美国高校使用E-mail和BBS进行课堂讨论、收取作业等教学活动，58.3%的高校正在使用各种光盘教学资源来辅助教学。

诚然，如此迅猛的发展离不开美国强有力的经济实力，但是美国政府对教育信息化建设的重视也不可忽视。在种种优越的条件下，美国的教育信息化建设取得了辉煌的成就，而且这些成就必将在整个21世纪影响着美国的综合国力与世界地位。

（二）欧洲各国教育信息化的建设

欧洲各国的教育信息化建设不尽相同，情况较为复杂。1996年开始在拉奥（俄教科院简称）拟定的11项教育科研战略中，明确教育信息化要走独联体与东欧各国建立教育信息化技术联合体的所谓大斯拉夫体系之路。可以说是世界教育信息化在俄罗斯的缩影。

1998年年初，法国教育部长克洛德·阿莱格尔宣布，法国制订三年教育信息化发展方案，重点放在教育信息化发展对相应信息教育师资的培训上，着重提高信息教育师资应用多媒体教学和微机操作的水平，从而提升现有信息设备的使用效率，使法国由当时的初中学生32人一台微机、高中学生12人一台微机的水平，提高到初中学生16人一台微机、高中学生6人一台微机的标准。

英国政府于1995年推出一个题为"教育高速公路：前进之路"的议案。到1998年以立法形式规定，在全体中小学中将原来的信息技术课程由选修课全部改为必修课，并拟定中学信息技术课评价的九项标准。在政府投入的教育经费中，法定的6%必须作为学校专款专用的微机购置费，以保证英国20%的中小学连上Internet，其中中学占85%，小学占15%。1999年，信息技术课程更名为信息与通信技术（ICT）课程，并公布了信息与通信技术课程标准。

芬兰教育部于1995年提出一个题为"信息社会中的教育、培训与研究：国家战略"的五年计划，规定到2000年时使全部学校和教育机构联网。

意大利教育部于1995提出一个行动计划，打算2005年前为20%的小学和30%的中学配备多媒体设备与软件。

（三）亚洲各国教育信息化建设

在亚洲各国的教育信息化建设中，日本的势头强劲，一度有超美夺魁的气势。日本文部省于1990年提出一项九年行动计划，拟为全部学校配备多媒体硬件和软件，训练教师在教学中使用多媒体，支持先进技术的教育应用。1994年又建立了"百校联网工程"。1997年1月19日，日本开设"教育信息化方法与技术"的教职课程。1998年7月29日，日本教育课程审议会发表了题为"关于教育课程基本走向"的咨询报告书，进一步明确了信息教育课程的运作细则。

作为亚洲地区信息技术产业比较发达的国家，韩国的教育信息化建设起步也较早，并发展迅速。2002年《中国信息导报》刊登张雪莲名为《韩国IT产业发展一瞥》一文，报道上说："韩国是世界上第一个将国际互联网接入中小学的国家，也是世界上第一个向中小学和高等学校免费提供国际互联网接入服务的国家。"韩国于1995年5月31日，由教改委员会制定了《建立主导世界化、信息化时代新教育体制的教育改革》方案。1999年，韩国政府开始在高中阶段实行信息素养认证制度，并启动《中小学信息通信技术必修化计划》。

新加坡于1996年推出全国教育信息化计划，拟投资20亿美元使全国每个家庭和每间教室联通Internet，做到每两位学生一台微机，每位教师一台笔记本电脑。1997—2002年的MIT总体教育信息化规划中，要求1999年全国教师接受MIT应用能力培训，并把它作为师资资格聘用的重要标准之一。

（四）各国教育信息化发展趋势的比较

物质（材料）、能量、信息是构成现实世界不可缺少的三大要素。信息资源成为人类生存的首要资源。20世纪，石油被喻为工业经济发动机的燃料，而到了21世纪，信息则是知识经济发动机的"燃料"。信息化社会的发展呼唤教育信息化时代的到来。所以世界各国都非常重视国内教育信息化的建设，有条件的国家几乎都将未来人才的竞争集中在信息化人才的竞争上。

从教育信息化的发展来看，早期的发展主要体现在信息化资源建设上，如信息网络基础设施建设、教育信息资源建设等方面，这一发展阶段主要以"技术中心论"为发展指导思想。而等到教育信息化发展到一定的阶段，即教育信息化的资源建设已经基本形成，这时如何利用教育信息化资源为人才的培养服务就成了主要问题，而教育信息化的理论与实践的研究就由"技术论"转向教育学科论发展。经过长时期的研究和积累，教育信息化进入高级阶段则深度融入为信息化社会，于是教育信息化进入了高度发展的社会化阶段。教育信息化发展离不开这三个阶段，但这三个阶段并不是在发展中可以划分得清清楚楚的，而是在一定时期彼此都有渗透和发展，只是在不同时期信息化建设的侧重点不同而已。

1. 从信息化资源建设来看各国教育信息化的发展

美国是教育信息化资源建设最早、发展速度最快的国家之一，所以其信息化的程度也相对较高。欧洲各国的发展情况较复杂，这与欧洲各国的发展情况复杂分不开。亚洲的国家如日本、韩国、新加坡发展速度惊人，而像印度和中国发展存在着很大的地区差异性，既有快速发展的地区（主要集中在相对发达城市，如北京、上海等），也有非常落后的地方（主要集中在落后山区，如甘肃、青海等）。

2. 从理论与应用上看各国教育信息化的发展

教育信息化资源建设最快和信息技术应用程度最高的国家毫无疑问是集中在发达国家，因而教育信息化的理论发展也非常成熟。如美国在教育信息化的应用上把网络化、多媒体化和智能化为特征的现代信息技术（IT）深入教育教学的方方面面，在理论与应用上显得老成稳重。例如，美国克莱蒙特研究生院的访问学者肯内思·C. 格林从1991年开始，每年对美国大学的计算机使用情况进行一次调查。该调查是目前美国规模最大、影响最广的校园计算机使用情况调查，每年调查的对象约为650所大学。调查结果比较客观地反映了美国大学教学活动中采用现代信息技术的状况。其在1996年的调查结果显示：美国大学有27%的课程是在装备有计算机的教室进行的，25%的课程在教学中使用了电子邮件（E-mail），15%的课程在教学中使用了计算机模拟和演练，18%的课程在教学中使用了商业性的课程软件，12%的课程在教学中采用了多媒体技术，8%的课程在教学中利用了光盘教材，50%以上的学校已经建立了技术中心，12.5%的学校建立了奖励制度，对在教学中积极采用现代信息技术的教师给予奖励。

但是这并不是说教育信息化理论发展最快的就是美国等发达国家。教育信息化理论发展最快的是以中国为代表的发展中国家。

其一，发展中国家在教育信息化的发展中充分借鉴和利用发达国家在建设中的经验与教训，并在实践中很快形成自身的理论特色。这从中国近年在教育信息化发展研究资料的外文引用的增加上、关于教育信息化资料的译文增多上以及主办的国际化的教育信息化大会等方面都有不同程度的体现。

其二，发达国家教育信息化领先的同时，也需要花费更大的人力进行未来发展的研究。而当教育信息化发展到一定的时期以后就会出现所谓的"高原反应"，即以往的以技术、资源建设为中心的"技术论"理论已经不能适应教育信息化的发展，而成为限制其发展的思想桎梏，极大地限制了教育信息化研究的视域。虽然到2007年中国的教育信息化还没有完全从第一阶段（资源建设阶段）中解放出来，但已经看到了教育信息化的视野问题。从马德四教授的《教育信息化本质研究——教育学视角》可以看到，中国在教育技术学的理论发展方面已经非常超前，而目前笔者资料所及还没有看到发达国家有关教育信息化视角问题的专门讨论。

其三，教育信息化的发展还有待于新的教育理论的出现和技术的创新。这方面各个国家的教育理论发展与技术创新情况很不相同。发达国家与发展中国家的教育理论认识水平各有所长，技术创新也层出不穷。因而很难说哪一个国家的更好，因为这里面有一个符合国家发展状况的比较。

笔者认为若改为"美国一马当先，欧洲参差前进，亚洲后来居上，中国奋起直追"似为更妥。因为，欧洲教育信息化资源建设虽然有稳步推进的例子，如欧盟政府也发布了一个题为"信息社会的学习：欧洲教育创议行动规划"的报告，旨在加速学校的信息化进程，同时也推出了多项有关教育信息化和教育改革的开发计划。但是由于欧洲各国的发展情况复杂，发达的如德国、法国、英国信息化程度非常高，次一点的有比利时、荷兰和瑞士在教育信息化的资源建设上也很快，差一些的有如中欧的波兰、捷克、斯洛伐克、匈牙利，东欧的爱沙尼亚、拉脱维亚、立陶宛、白俄罗斯、乌克兰、摩尔多瓦以及南欧的意大利、梵蒂冈、圣马力诺、马耳他、西班牙等国家则以发展中国家为主，其教育信息化建设程度也就参差不齐。所以从全欧整体面貌来看欧洲的教育信息化是以差异性和复杂性为特别的。其实不仅欧洲的教育信息化发展复杂多变，整个国际教育信息化发展也呈现参差复杂的特点。

二、我国教育信息化历史回顾与现状分析

我国教育信息化从20世纪90年代在硬件落后、软件缺乏的情况下，一路走来实在不容易。目前，中国的教育信息化在各方面都取得了重大突破，主要体现在：中国教育和科研计算机网、中国教育卫星宽带传输网系统的建成；中国教育和科研计算机网已建成2万公里高速传输网，覆盖全国近30个城市，100所高校的校园网与其接入；中国教育卫星宽带传输网已经实现了与中国教育和科研计算机网的高速连接，初步形成了"天地合一"的、具有交互功能的信息平台。

随着教育信息化环境资源建设的完善，教育信息化的理论与实践的研究也进一步完善起来，先后出现了很多关于教育信息化的专门的研究成果。教育信息化的研究从单一视角的研究，即技术视角，如祝智庭的《教育信息化的技术哲学观》，陶筠的《教育信息化面临三大问题：经费、管理以及技术》，于丰、刘翠的《关于教育信息化建设的思考》等，发展到包括社会学视角、教育学视角的多方位多视角的整体性研究，如《教育信息化的概念内涵：社会学的视角》、马德四的《教育信息化本质研究——教育学视角》等。但是，我国教育信息化的问题依然严峻，从信息技术视角来看主要表现在经费、管理和技术方面。从社会视角看，教育信息化的快速发展主要是设备建设的进展，由于没有从根本上思考教育信息化的真正内涵，造成设备大量购置后又大量闲置的惊人浪费现象。从教育视角看，主要表现在教育中还没有找到将信息技术深层次延伸到教学的各个环节的途径，信息技术在教育教学当中的应用还很难与师生的"生命成长"产生共鸣，使教育信息化出现了快速发展的"高原反应"。关于"高原反应"在马德四的论文中是这样描述的：

在技术学理论框架下，教育信息化研究更多的是关注教育中的信息技术学习、信息技术教学应用模式等技术问题，而对信息技术与人的生命发展、人在数字虚拟世界中的发展等问题却"力不从心"，或者连"心"都未曾有过。因此，技术学视角局限性影响了教育信息化的进一步发展，"高原反应"是这种研究状况的真实写照。

我国的社会和教育目前正处于转型时期，在这个关键的时候教育信息化发展的速度不可谓不快，然而问题也不可谓不严重。如何正确认识和面对我国教育信息化，如何把握住教育信息化转型时期的核心，将信息技术深度融入教育教学的环境中，从而推动师生生命成长，这就要求我们对我国的教育信息化的历史与现状做一个全面深刻的分析。

（一）我国教育信息化的发展历程

改革开放 20 多年来，我国政府一向重视现代化教育。早在 1978 年，我国就创办了中国广播电视大学。1986 年，中国教育电视台（CETV）创建。1997 年年底，我国已经建立教育电视台、收转台 940 多座。卫星电视地面接收站 1.6 万多座，放像点 6.6 万多个，建立了三个卫星教育频道。1995 年，中国教育和科研计算机网（CERNET）开始建立，为我国教育信息化开创了基础。CERNET 的成功建设和"211"工程重点建设，带动了地区网络、省网络和校园网络的建设，实现了省际的网络互联。现在，它已连接了 400 多所高校，每天有 30 多万人上网工作。部分地区、中小学上网已成为热点。1998 年，我国又批准了清华大学等四所普通高校采用数字压缩技术和 ATM 技术开始进行远程教育试点工作。中央广播电视大学也通过电话和 CEKNET 反馈，实现了非实时交互式的远程教学。

国务院 1999 年 1 月 13 日在"面向 21 世纪教育振兴行动计划"中明确指出：①实施"现代远程教育工程"，在我国教育资源短缺的条件下办好教育的战略措施，要作为重要的基础设施加大建设力度。②以现有的中国教育和科研计算机网（CERNET）示范网和卫星视频传输系统为基础，进一步扩大中国教育科研网的传输容量和联网规模。③继续发挥卫星电视教育在现代远程教育中的作用，改造现有广播电视教育传输网络，建设中央站，并与中国教育科研网进行高速连接，进行部分远程办学点的联网改造。2000 年，争取使全国教育电视节目办好，重点满足边远、海岛、深山、林牧等地区的教育需求。④开发高质量教育软件，重点建设全国远程教育资源库和若干个教育软件开发生产基地。

1999 年 6 月 13 日发布的《中共中央 国务院关于深化教育改革全面推进素质教育的决定》则为教育信息化和教学手段现代化的发展提出了更为明确的任务：①大力提高教育技术手段的现代化水平和教育信息化程度。②国家支持建设以中国教育科研网和卫星视频系统为基础的现代远程教育网络。③充分利用现有资源和各种音像手段，继续搞好多样化的电化教育和计算机辅助教学。④在高中阶段的学校和有条件的初中、小学普及计算机操作和信息技术教育。⑤使教育科研网络进入全部高等学校和主要中等职业学校，逐步进入中小学。⑥采取有效措施，大力开发教育教学软件。⑦运用现代远程教育网络为社会成员提供终身学习的机会，为农村和边远地区提供适当需要的教育。

2001 年年底中国教育和科研计算机网（CERNET）建成的 20000 千米的高速主干网已覆盖我国近 30 个主要城市，总容量达到 40 Gbps，155 M 的 CERNET 中高速地区网已经连接到我国 35 个重点城市，全国已经有 100 多所高校的校园网以 100 Mbps 以上的速度接入 CERNET。2002 年，全国有 15 万所学校开展计算机教育（占学校总数的 20%），同时在全国建设 100 所高水平的信息化教学示范学校和 1000 所信息化教学实验学校。

2004 年，教育部教育管理信息中心主办了第四届"2004 年中国教育信息化建设与发展论坛"，结合当前国际国内发展形势和各项工作的切实要求，以"教育信息化的科学发展与创新"为主题，积极推动我国教育领域的信息化建设和可持续发展。

2006年5月，中共中央办公厅、国务院办公厅印发《2006—2020年国家信息化发展战略》，其中有关教育信息化发展的内容成为教育工作者关注的焦点。《国民信息技能教育培训计划》中提出："在全国中小学普及信息技术教育，建立完善的信息技术基础课程体系，优化课程设置，丰富教学内容，提高师资水平，改善教学效果。推广新型教学模式，实现信息技术与教学过程的有机结合，全面推进素质教育。""加大政府资金投入及政策扶持力度，吸引社会资金参与，把信息技能培训纳入国民经济和社会发展规划。依托高等院校、中小学、邮局、科技馆、图书馆、文化站等公益性设施，以及全国文化信息资源共享工程、农村党员干部远程教育工程等，积极开展国民信息技能教育和培训。"这标志着我国为未来10年的教育信息化发展确定了具体的奋斗目标。

2007年中国国际远程教育大会上的资料显示：近年来普通高校网络教育办学规模不断扩大，成为成人与继续教育的主流发展趋势；广播电视大学系统完成总结性评估，八年开放教育试点取得阶段性成果；校外学习中心建设遍布全国，形成覆盖各地教育服务网络；公共服务体系建设取得突破性进展，"数字化学习港"将对远程教育产生变革；企业导入E-Learning风起云涌，创建企业在线大学蔚然成风；网络职业教育需求增长，取得飞速发展；信息化手段在社区教育中应用，远程教育走进千家万户；移动教育破土而出、前景无限……农村中小学现代远程教育工程、农村党员干部现代远程教育、全国中小学教师国家远程培训等项目陆续实施，中国的现代远程教育迎来快速的发展期，正在步入一个崭新的发展阶段。

（二）我国教育信息化的现状分析

1. 调查分析

目前的调查显示，我国华南地区和华中地区相对西部而言，教育信息化建设的总体建设水平较高。随着西部大开发的推进，西部的教育信息化硬件建设将加快步伐。目前总体情况是地区差异大、硬件投入有限。硬件投入内容主要有：校园网建设，包括信息中心、多功能教室、学校办公网、电子备课室、虚拟图书馆、计算机网络教室等；多媒体课件制作技术的应用；基于Internet的网上教学；数字化技术在教育上的发展与应用；城域教育网的建设，包括教育管理中心、城域教育网的远程教育中心、城域教育网的教学资源中心等。但我国教育信息化建设的地区差异比较大。各种调查数据中还显示了教育信息化投资与建设成果之间的关系：存在相互增长的内在联系，但并不成正比例关系。这就要求我们在教育信息化建设中，不仅要重视整体的投入，还应明白，不是投入了资金、拥有了硬件就意味着教育信息化的建设已大功告成。其实我国在教育信息技术上的总体投入并不少，如我国教育科研网在2000年到2001年之间提速，仅其中的主干网就耗资2.2亿元，但资金流向不尽合理，宝贵的资金未用在刀刃上，造成了资金的投入与在教育中产生的效果极不相称的局面。所有这些情况，一方面是我们对教育信息化的建设经验不足，急于求成；

另一方面则是投资时缺乏综合性的长远考虑。这些都是我们以后在硬件投资过程中要认真面对的大问题。

2. 取得的成绩

近年来我国教育信息化取得了重大进展，归结起来主要有六个方面的重大突破：

（1）教育信息化基础设施建设初具规模；

（2）教育软件建设硕果累累；

（3）现代远程教育工程建设取得重大进展；

（4）培养出大批适应社会需求的信息化人才；

（5）教育信息产业得到较大发展；

（6）教育信息化政策、法规和标准的制定。

此外，从社会环境来看，教育信息化已经成为我国IT业必争的宝地，我国教育信息化建设将拥有坚实的经济与技术基础。信息化在全国各地、各类教育机构中迅速展开，并且形成了巨大的IT需求市场。这就是说，中国的教育信息化建设其实已经具备了相当大的经济潜力。这将保证中国的教育信息化建设的长足发展。

3. 发展误区

随着技术的发展和开发者对教育信息化理解的不断加深，未来的教育资源建设将会不断成熟和完善，并向普及化、专业化、地方化、个性化四个方向发展。然而在技术发展与运用过程中，教育信息化却出现了以下八大误区。这八大误区有的是思想意识不到位造成的，有的则是技术相对滞后造成的，还有一些则是缺乏统筹规划、盲目建设造成的。

（1）瓶颈现象。什么是瓶颈现象呢？瓶颈现象好比有很多的水在一个瓶子里面，但是由于瓶颈太小，水无法倒出来，造成了守着水却无水喝的尴尬场面。而在我们教育信息化过程中，只有在信息大量流通共享的前提下，才能发挥信息化的优势，才能将教育推动起来。然而，目前我国教育信息技术却出现了信息进出阻滞的严重现象，其根本原因不在于教育信息化，而在于信息化在我国的发展本身就存在着很多需要重视和解决的不利因素。正如《2006—2020年国家信息化发展战略》分析我国信息化值得重视的问题中所提出的问题，都在很大程度上反映了教育信息化过程中的"瓶颈现象"。它们是：

①信息技术自主创新能力不足。核心技术和关键装备主要依赖进口。以企业为主体的创新体系亟待完善，自主装备能力急需增强。

②信息技术应用水平不高。在整体上，应用水平落后于实际需求，信息技术的潜能尚未得到充分挖掘；在部分领域和地区应用效果不够明显。

③数字鸿沟有所扩大。信息技术应用水平与先进国家相比存在较大差距。国内不同地区、不同领域、不同群体的信息技术应用水平和网络普及程度很不平衡，城乡、区域和行业的差距有扩大趋势，成为影响协调发展的新因素。

（2）软件"孤岛"现象严重。目前各个软件厂商提供的应用软件缺少交互操作能力，无法共享信息和交换数据。这使信息与数据被封锁在各自的狭小范围之内，得不到资源的共享互补。软件"孤岛"现象是多方面原因造成的。

例如，某学校在校园教学信息化建设中利用 30 万元购得综合教学软件一套，希望改变学校传统的教育教学模式。然后在使用过程中发现该软件有很多问题，最大的一个问题就是老师希望通过网络视频与学习的每一个同学进行语音视频交流，其他的任何一位同学也可以随时通过语音教室或者在某个地方上网时共同参与。但是语音视频教学开通后，整个电脑的速度就非常慢，视频不流畅，语音时断时续。这位老师只有通过传统的口授的方式与学生讲解，但是这样一来老师课前准备的很多生动的视频材料便无法与学生同时分享。后来经过校方多次与软件生产商进行协商，生产商经过测试发现该软件最大连通数为 60 台学生机，但学校上公共课连通了 120 台，于是生产商对软件进行了改进并交付给学校。学校在使用过程中发现问题依旧，经过双方多次检查和调试，最后发现学校使用人员在软件安装与设置上都存在着诸多问题。

这个例子告诉我们，我国教育信息化的软件"孤岛"现象最主要的原因是：

①软件开发周期长，产品滞后，不能适应实际教学的需要。

②使用人员的信息化素质不够，很多本可以解决的麻烦却因为人的问题造成资源的不合理使用。

（3）综合路径缺乏，导致信息获取困难。目前的教育信息化的信息猎取没有一个统一的综合路径来实现各种教育资源的传递收集。用户只有通过不同的应用软件和渠道才能获得各方面的信息，而无法通过统一的入口、统一的形式获得这些信息和数据。这就造成了用户信息收集的困难。

（4）信息管理不够，造成资源建设浪费。各种因素制约，信息化管理体制尚不完善，电信监管体制改革有待深化，信息化法制建设需要进一步加快。很多教育部门和教育机构，尤其是中小学，往往把是否建成局域网看作教育信息化的标准，却没有考虑到建成之后对信息的管理，使硬件强、软件弱，不能正常发挥信息化资源的优势，造成了大量的浪费。

（5）教育资源狭隘化。网络需要大量数字化教育资源内容的支撑，这导致学校对教育资源库产品的需求不断升温，但是当前的情况却不很理想，大量的无用信息与落后资源都打着"教育资源"的旗帜招摇撞骗，这不仅冲乱了原有的教育信息结构，影响了人们对教育信息化资源的信赖，还直接导致了教育资源的狭隘化。

（6）技术落后暗藏安全隐患。在全球范围内，计算机病毒、网络攻击、垃圾邮件、系统漏洞、网络窃密、虚假有害信息和网络违法犯罪等问题日渐突出，如应对不当，可能会给我国经济社会发展和国家安全带来不利影响。目前国内大量城域网的应用软件已严重落后于技术的发展，但是有的商家为了一时利益，为了抢占市场，不顾长远的发展，让学校直接操纵城域教育网中心站的数据库，导致了极大的安全隐患。

（7）使用烦琐，操作复杂。信息化的发展要求对资源的操作触手可及，可是由于现在的教育软件相对落后,使教育工作者往往要经过很多复杂的过程才能找到自己所需的数据。很多可以避免的操作,大量可简化的过程把人们挡在了信息大门之外。另外,信息资源设备的开发者在信息化产品的设计上也存在着诸多不足。

(8)专业化优势不突出。评价教育资源建设成熟与否的标准是:普及化、专业化、地方化、个性化等的发展程度。而我国当前的专业化发展不很明显,主要表现在三个方面:第一,应用教育资源缺乏专业化的主导优势;第二,信息管理上没有专业化的统一标准;第三,现代教师缺少专业化的信息素养。

(三)与国外的比较

教育信息化水平受制于一个国家的社会信息化总体水平的发展程度,而社会信息化水平的发展要受制于一个国家的经济发展水平。我国的经济发展水平决定了我国发展教育信息化具有自己的特点。以美国为代表的发达国家在教育信息化上走的是这样的路子:以强大的经济实力和高信息技术为后盾,拉动教育信息化迅速发展,再借助教育信息化的发展来大力支持教育变革的实现。在教育信息化的道路上,我们既不能走发达国家的路子,更不能走日本和新加坡那样一上马就要一步登天的路子。首先我国是人口大国,再者是发展中国家,而且全国各地区的经济发展也极不均衡,这就致使我国的教育信息化建设与国外诸国相比较具有五大差异:时间差、空间差、理论差、经验差、实力差。

1. 时间差

时间差是指中国教育信息化的建设从发展时间上讲,要比美国这样的发达国家晚一些,也就是在起步时间上有差异。20世纪90年代,美国首先提出了建设"国家信息基础设施",而后又一路领先;而西方各国也不甘示弱,纷纷将教育信息化的发展列为重点课程。法国制订三年教育信息化发展方案,而英国也早在20世纪90年代就以立法的形式,把信息教育列为重点课程,以抢占世界教育新的制高点。而我国在1999年才将教育信息化这一名词正式地用在教育政策中加以强调,并且发展起来还表现出信息化程度相对滞后,不能有效拉动教育信息化的发展问题。因此,我国教育信息化建设当然要好好地借鉴西方国家的先进经验,但是绝不能把中国的教育信息化建设等同于西方的,更不能邯郸学步地走西方的教育信息化之路。

2. 空间差

空间差是指中国目前各个地区的信息化程度差异太大。从教育信息化整体建设状况图与教育信息化整体投入状况图中,可以明显地看出:华中、华南地区无论是在整体投入上还是在整体建设上,都要强于西部地区。这也是和地区经济发展不平衡相一致的。我国沿海地区经济相对发达,而内地尤其是西部地区的经济水平相比之下就要低一些。这样就使我国在教育信息化的建设中要面临很多复杂的问题,不仅东西南北的地区差异大,就是同在一个省,地方差异也很明显。面对这样的一个经济基础与信息化程度不一致的情况,我们当然不可能像新加坡一样"一步登天"了。

3. 理论差

所谓理论差，一方面指我国的教育信息化理论与国外相比有着历史发展的差距，这主要包括教育信息实践的经验差；另一方面指我国教育信息化建设的理论与国外理论相比存在着很多的差异，包括认识理论差、文化理论差。这就使我国对国外教育信息化分析研究多少存在着一些误解，而且在我们的借鉴学习中，多少会影响到我们的观念。

从经验差距来看，教育信息化的发展还有待于新的教育理论的出现和技术的创新。我国的教育信息化理论发展得很快，就理论研究的发展速度而言比西方发达国家或许还快一些。但是这种速度是属于追赶速度，也就是说，我们的理论水平与已发展起完整的教育信息化理论的发达国家相比还有很大的差距。虽然这种差距在缩小，但仍然很大。

从差异情况来看，教育信息化的建设首先是从观念上转变，而观念的转变就需要我们的理论走在前面。目前我国教育信息化建设中的理论误区就是，总是希望从别国找到一些依据，而忽视了我国是一个超级大国，有其自身的发展特点。如果事事看他国的理论，再从中吸取经验（当然这也不失为一个好办法），那我们的理论是永远也不可能领先于他国的。这样一来，我们的观念又怎么能转变得既符合国情又顺应时代呢？所以，我们必须在吸收国内外各种先进思想的基础上，开创出具有中国特色的教育信息化理论。而目前的教育信息化的理论来源还主要是基于教育技术中的理论，而教育技术只是教育信息化的一部分。对最近出现的教育信息化的社会化研究，笔者就认为非常有意义。从理论上我们应当走在更前列。

4. 经验差

教育信息化建设是我们教育行业中的新事物，对我们来讲很多都是未知数。因此在进行教育信息化的建设当中，我们必然会因经验不足引起很多困难。一方面我们可能会从别国的建设过程中得到一定的启示，从而解决一些问题；另一方面由于国情不同，我们所遇到的问题未必就是人家的问题。因此，我们也要独立地面对相当多的新问题。只有不断地积累更多新的实践经验，总结更多新的合理方法与思路，才能应付和解决我们教育信息化发展中遇到的新问题。这就需要我们自己去努力探索，不断研究。这样才能将教育信息化这项伟大的事业推动起来，保证我们的教育信息化能高效地引导我国的教育向好的方向改革。

5. 实力差

众所周知，我国正处在社会主义初级阶段，论国家富强、经济实力都还和西方发达国家有很大的差距，因而在教育信息化建设中，必然存在国家实力上的差异。美国从1996年开始全面推进教育信息化以来，到2000年已基本完成教育信息基础设施的建设。我们知道教育信息化要建立在信息化的基础之上才能发展起来，而信息化的发展就必须建立在先进的技术与强大的经济实力基础之上的。我国目前的经济实力总体水平还是比较落后的，我们要进行教育信息化建设，实力差距是我们必须面对的现实。

总而言之，国内外教育信息化的热情一浪高过一浪。我国虽然奋起直追，但是就现在的情况来看，我国教育信息化的发展障碍确实是"一山过了又一山"，路不平坦，因此我们的步子要稳要快。教育信息化的竞争既是当前教育现代竞争的一个方面，又是未来人才竞争的前奏。要夺取教育领域的制高点，要拥有赢得未来的力量，就要直面教育信息化的五大差异，力克五大弱势；就要将人才战略同教育信息化发展战略结合起来，分析出我国教育信息化的发展现状，不断克服前进中的困难与弱点；就要了解国内外发展情况，看到不足，知道差距，迎难勇进，积极为自身的发展积累宝贵的经验与前进的力量。

第四节　信息技术与课程整合

在教育信息化进程中，信息技术与课程整合是一个重要的里程碑。信息技术如何支持学科教学？如何实现教与学模式的变革？信息技术与课程整合是目前最有效的途径。

一、信息技术与课程整合的含义

信息技术与课程整合就是在各学科教学中，有效地使用信息技术，达到提高教育质量和学习效率的目的。若从系统论的观点出发，信息技术与课程整合可有如下定义：将教学系统中的各种教学资源和各个教学要素有机地结合起来，将教学理论、方法、技能与教学媒体很好地结合起来，在整个教学过程中保持协调一致，并发挥系统的整体优势以产生聚集效应。信息技术与课程整合，立足于学科内容改革，目的在于建立学科之间的有机联系。整合是以一种自然的方式来对待计算机，将信息技术作为工具和手段融合到学科课程中，就像在教学中使用黑板、粉笔一样自然流畅，从而在学习学科知识的同时，培养学生的"信息素养"和综合能力（图1-1）。

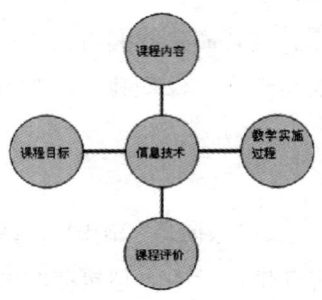

图1-1　信息技术与课程整合的含义

信息技术与课程整合，不是把信息技术仅仅作为辅助教或辅助学的工具，而是强调要把信息技术作为促进学生自主学习的认知工具和情感激励工具，利用信息技术所提供的自主探索、多重交互、合作学习、资源共享等学习环境，把学生的主动性、积极性充分调动起来，使学生的创新思维与实践能力在整合过程中得到有效的锻炼，这正是培养创新人才所需要的。

二、信息技术与课程整合的基本模式

随着信息技术课程教学任务从单一的学科知识的学习转向学生信息素养和综合能力的培养，要改变原来那种过分强调学科体系、脱离时代和社会发展状况的课程体系，探索以课程整合为基本理念、以信息技术为认知工具、以各学科知识的学习过程为载体、以培养学生信息技术素养和促进学生综合素质发展为目的的新型课程模式。

信息技术与课程整合有以下三种基本课程模式。

1. 信息技术作为学习的对象，教会学生信息技术的知识和技能

这种模式是专门开设信息技术课，来培养学生的信息素养，培养学生学习与应用信息技术的兴趣和意识，掌握计算机基础知识和技能。信息技术课程不但是为了学习信息技术本身，还培养学生利用信息技术的能力。按照课程整合的思想，将信息技术作为工具，整合到实际任务中学习。这些任务可以是其他学科的知识，也可以是自然、社会问题。教师在任务设计时要灵活创新，对于相同的知识点，在完成所要求的学科目标的前提下，要根据不同的学校环境、教师特长和社会背景等，创设不同的任务进行教学。

2. 信息技术作为教学工具，完全为各科教学服务

这种模式是教师利用信息技术进行辅助教学。教师根据教学目标进行设计，将计算机作为备课工具，用它编辑所需资料、检索情报、处理文字以及管理教学资源等，在教学中决定在什么时候用什么媒体、什么方式来呈现什么教学内容。计算机作为教学工具，在教学中的使用方法是多种多样的。有的利用计算机来完善传统的教学形式，给传统教学形式赋以新的内涵和生命力，如基于计算机的课堂讲演、练习、讨论及实验等。有的则完全是利用计算机革新课程内容和教学方法，创设出许多新的教学和学习形式，如合作学习、探索，发现学习，交互式模拟，问题解决学习，以项目为基础的学习等。

3. 信息技术作为学习工具，支持学生学习活动

这种模式是学生利用信息技术来完成一定的学习任务。信息技术提供文字处理、电子表格、数据管理、通信、虚拟现实等工具。学生利用信息技术来获取和存储信息、处理信息、表达思想、交流思想和解决问题，从而能进行发现、探索、合作以及问题解决等各种形式的活动。信息技术在支持学生学习时，可以扮演以下三种角色：第一种是导师角色，如程序教学和后来发展起来的智能导师系统；第二种是学伴角色，如现在出现的虚拟学伴系统，可以和学习者进行互帮互学；第三种是助手角色，如利用计算机和网络提供的丰富资源、认知工具和通信工具来进行基于资源的学习。

三、实施信息技术与课程整合应遵循的主要原则

怎样实施信息技术与学科课程的整合,这是一个需要深入研究与探讨的重大课题,而且不同学科的整合方式不完全一样,不可能按一个模式来进行整合。但是信息技术与不同学科课程相整合的过程中又必须遵循若干共同的原则,否则将会事倍功半,事与愿违,甚至适得其反。所以认识并遵循信息技术与课程整合的原则是非常重要的,这是做好整合的前提条件。实施信息技术与课程整合应遵循以下五条原则。

1. 要以先进的教育思想、教学理论(特别是建构主义理论)为指导

信息技术与课程相整合的过程不仅仅是现代信息技术手段的运用过程,它必将伴随教育、教学领域的一场深刻变革。换句话说,整合的过程是革命的过程(而不仅是新的教学手段、教学方法的应用推广过程),既然是革命,就必须有先进的理论做指导,没有理论指导的实践是盲目的实践,将会事倍功半甚至劳而无功。这里之所以要特别强调运用建构主义理论(这是当代一种较新的学习理论与教学理论)做指导,并非因为建构主义十全十美,而是因为它对我国教育界的现状特别有针对性——它所强调的"以学生为中心"、让学生自主建构知识意义的教育思想和教学观念,对多年来统治我国各级各类学校课堂的传统教学结构与教学模式是极大的冲击。除此以外,还因为建构主义理论本身是在20世纪90年代初期,伴随着多媒体和网络通信技术的日渐普及而逐渐发展起来的,可以说,没有信息技术就没有建构主义的"出头之日",就没有今天的广泛影响,所以这种理论"天生"就对信息技术"情有独钟",它可以为信息技术环境下的教学(信息技术与各学科课程的整合)提供最强有力的支持。

2. 要紧紧围绕"新型教学结构"的创建这一中心来进行整合

要紧紧围绕"新型教学结构"的创建这一中心来整合,就要求教师在进行课程整合的教学设计工作中,密切注意教学系统四个要素(教师、学生、教材、教学媒体)的地位与作用:看看通过自己将要进行的"整合",能否使各个要素的地位与作用和传统教学过程相比发生某些改变,改变的程度有多大,哪些要素将会改变,哪些要素不会改变,原因在哪里。只有紧紧围绕这些问题进行分析,并做出相应的调整,使通过最终教学设计所建构的教学模式能较好地体现新型教学结构的要求,这样的整合才是有意义的。

3. 要注意运用"学教并重"的教学设计理论来进行课程整合的教学设计(使计算机既可作为辅助教的工具,又可作为促进学生自主学习的认知工具与情感激励工具)

目前流行的教学设计理论主要有"以教为主"教学设计和"以学为主"教学设计两大类。由于这两种教学设计理论均有其各自的优势与不足,因此,最理想的办法是将二者结合起来,互相取长补短,形成优势互补的"学教并重"教学设计理论。而且这种理论也正好能适应"既要发挥教师主导作用,又要充分体现学生学习主体作用的新型教学结构"的创建要求。在运用这种理论进行教学设计时,要充分注意的是,对于以计算机为基础的信息技

术（不管是多媒体还是计算机网络），都不能把它们仅仅看作辅助教师"教"的演示教具，而应当更强调把它们作为促进学生自主学习的认知工具与情感激励工具，并要把这一观念牢牢地、自始至终地贯彻到课程整合的整个教学设计的各个环节之中。

4. 要高度重视各学科的教学资源建设，这是实现课程整合的必要前提

没有丰富的高质量的教学资源，就谈不上让学生自主学习，更不可能让学生进行自主发现和自主探索，教师主宰课堂，学生被动接受知识的状态就难以改变。新型教学结构的创建既然落不到实处，创新人才的培养自然也就落空。

但是重视教学资源的建设，并非要求所有教师都去开发多媒体素材或课件，而是要求广大教师努力收集、整理和充分利用互联网上的已有资源，只要是网站上有的，不管是国内的还是国外的（国外也有不少免费教学软件），都可以采用"拿来主义"。只有在确实找不到与学习主题相关的资源（或者找到的资源不够理想）的情况下，才有必要由教师自己去进行开发。

目前我国的网络教育发展很快，全国已经有上百所高校开设了网络学院，高校主要是通过网络实施学历教育与终身教育。社会上也有一些直接针对中小学的"网校"，如"101远程教育网""北京四中网校"等。自"校校通"工程实施以来，越来越多的中小学校建设了自己的校园网，有很多地方还在积极建设城域教育网。

从目前的内容来看，网校在结合学科做研究性学习、探索式学习、合作式学习等方面还存在较大的欠缺。网络教育不仅要注意"量的扩展"，更应该追求"质的提高"，即在培养创新精神与实践能力方面要充分发挥其他媒体所无法替代的作用。

现在从国内外的网站上都可以获取不少资源，但不是全都免费，有些是以合理的价格提供，可以通过购买得到；有的则可通过上网浏览、查询、检索，经过筛选以后，将教学需要的资源直接下载到自己的服务器上。

5. 要注意结合各门学科的特点建构易于实现学科课程整合的新型教学模式

教学模式一般属于教学方法、教学策略的范畴，但又不等同于教学方法或策略。这是因为后者往往只是指某种单一的教学方法或策略，而前者（教学模式）则要涉及若干种教学方法与策略。为了达到某种教学目的（如建构一种新型教学结构）或取得某种教学效果，老师往往将多种教学方法、策略结合在一起，加以综合运用，如果这种运用方式趋于相对稳定，就会变成一种模式。换句话说，教学模式是指两种以上教学方法与策略的稳定结合。

能体现新型教学结构要求的教学模式很多，而且因学科而异。每位教师都应结合各自的学科特点去建构既能实现信息技术与课程整合，又能较好地体现新型教学结构要求的新型教学模式。所以模式的类型是多种多样的，不应将其简单化。但是若从最有利于培养创新人才的角度考虑，则有两种基于信息技术的教学模式（能够实现信息技术与课程整合的教学模式）最值得我们去深入研究和探索。这两种教学模式就是"研究性"学习模式（也叫"探究性"学习模式）和"协作式"学习模式（也叫"合作式"学习模式）。

这里应当说明的是，本来教学模式和学习模式是有区别的——"学习"泛指所有掌握

知识与技能的过程（不管是自主学习还是在教师指导与帮助下学习），而"教学"则特指在教师的指导与帮助下掌握知识与技能的过程，即"教学"可看作"学习"的某种特殊情况。这样一来，只要在该学习过程中有教师的参与，那么把学习模式当作教学模式来看待也就没有什么不妥了。

第二章 信息化教学

　　信息化教学是与传统教学相对而言的现代教学的一种表现形态，它以信息技术的支持为显著特征，因而我们习惯于将之称为信息化教学。特别需要指出的是，以信息技术为支持还只是信息化教学的一个表面特征，在更深层面，它还涉及现代教学理念的指导和现代教学方法的应用。信息化教学是教学信息化的结果。从技术学层面考察，伴随着社会的进步与发展，信息化教学是教育技术学发展至今的必然结果。

第一节 信息化教学的定义

一、信息化教学的发展背景

　　比尔·盖茨在《未来之路》一书中写道："未来社会属于那些具有收集信息、选择信息、处理信息和应用信息能力的人。"目前，一个新的概念：信息素养，正在引起世界各国或地区越来越广泛的重视，并逐渐加入从小学到大学的教育目标与评价体系之中。信息素养包括六个方面：①信息获取能力；②信息分析能力；③信息加工能力；④信息创新能力；⑤信息利用能力；⑥协作意识和信息的交流能力。

　　我们生活在信息社会，信息更新的速度不断加快，很多信息来不及也不需要装进大脑中，而是装进计算机里，这就要求人们改变教育是"继承人类经验知识精华"这个基本观点，学习者必须具备知识更新能力，掌握获取知识的方法、技术和途径。不可否认，在对前人知识经验的继承、掌握，系统科学知识的传授等方面，我国基础教育具有自己的优势。但是也要看到我们基础教育的不足：多年来我们培养出的大多是知识应用型人才，而比较缺乏创新型人才。让学生的头脑成为创造的火炉而不是灌输答案的容器，这是许多教育工作者苦苦追寻的目标。

　　科学研究表明，人类在最近30年所获得的知识约等于过去两千年之总和。而未来若干年内科技知识还将在许多领域出现更惊人的突破。英国哲学家培根的名言"知识就是力量"，过去和现在都是我们的座右铭。然而，在信息时代，这句名言的效力在某种意义上将被削弱。因为，与知识相比，创新思维越来越重要，而创新思维的来源首先在于想象力，并非大量地储存旧有的知识。正如爱因斯坦所说："想象力比知识更重要，因为知识是有限的，而想象力概括着世界上的一切，推动着进步，并且是知识进化的源泉。"信息技术带来如此之快的知识更新，人类面临最重要的任务不是获取已有的知识，而是以高度的想象力，去创造和运用新知识。未来人类社会的"力量"将主要来自"知识创新"，这已经被率先跨进知识经济的发达国家或地区的实例所证实，还将被发展中国家或地区更多的实例所证实。

苏格拉底（Socrates，公元前469—公元前399）是著名的古希腊哲学家，他和他的学生柏拉图及柏拉图的学生亚里士多德并称"希腊三贤"。他被后人广泛认为是西方哲学的奠基者。他说过，"教育不是灌输，而是点燃火焰"。信息化教学是实现这一目标的最佳选择。

二、信息化教学的发展历程

信息化教学是一个渐进的发展历程，它既没有严格的起点，也没有一个确定的终极目标，是向教育最优化无限趋近的过程。从国外的发展经验来看，信息化教学经历三个阶段，分别是：计算机辅助教学阶段、计算机辅助学习阶段以及信息技术与课程整合阶段。

1. 计算机辅助教学阶段

计算机辅助教学（computer assisted instruction，CAI）是指用计算机帮助或代替教师执行部分教学任务，为学生传授知识和提供技能训练，直接为学生服务。计算机辅助教学是一种新颖的教学方式，主要是利用计算机的多媒体功能，辅助教师解决教学中的某些重点、难点，这些CAI课件以演示为主。与其他教学媒体相比，CAI课件具有以下优势：①个别化教学，因材施教：通过人机会话，掌握学生学习情况。②学生处于积极和主动的学习状态：学生不思考、不动手，则计算机不反应。③能给予学生即时指导：学生不懂，可随时提问。④能给学生以即时反馈：收到学生提交的问题答案，即予评分。⑤百问不厌，诲人不倦：一遍不懂，可重复多遍。⑥学习不受时间和空间限制：学生可随时随地学习。⑦教学直观、形象、生动，又简便易行：彩色、立体、活动图形显示和语言文字解说。⑧模拟实验、节约器材、缩短时间、安全逼真。⑨促进课堂教学模式的转变：教师的角色发生了变化，学生的注意力不再集中在教师身上，教师成了学生学习的合作者和教练。以学生为中心的教学得到了技术上的支持。

虽然CAI课件具有上述优点，但是计算机辅助教学的优势不是绝对的，在开展计算机辅助教学过程中，应注意以下几个问题：①CAI不是照搬教师黑板上的内容到计算机屏幕上。②CAI只是传统教学的补充，绝对不是传统教学的替代品。③开展CAI是一个渐进的过程，在CAI开展初期不能够对教师提出过高要求，否则很容易挫伤教师的积极性。④对于那些传统媒体如黑板和粉笔、挂图、实物或模型等可以解决的问题，不要牵强地去做成CAI课件。

⑤能用普通录像或录音解决的问题，就不要做成 CAI 课件。⑥传统的教师中心论，并未因多媒体计算机走进课堂而得到彻底改变，因此，教学思想的更新不容忽视。

2. 计算机辅助学习阶段

计算机辅助学习（computer-assisted learning，CAL）阶段逐步从以教为主转向以学为主。也就是强调如何利用计算机作为辅助学生学习的工具，例如，用计算机帮助收集资料、辅导自学、讨论答疑、帮助安排学习计划等，即不仅用计算机辅助教师的教，更强调用计算机辅助学生的学。这是信息化教学的第二个发展阶段。

3. 信息技术与课程整合阶段

信息技术与课程整合（integrating information technology into the curriculum，IITC）就是在各学科教学中，有效地使用信息技术，达到提高教育质量和学习效率的目的。若从系统论的观点出发，把信息技术与课程整合定义为：将教学系统中的各种教学资源和各个教学要素有机地集合起来，将教学理论、方法、技能与教学媒体很好地结合起来，在整个教学过程中保持协调一致，并发挥系统的整体优势以产生聚集效应。信息技术与课程整合，立足于学科内容改革，目的在于建立学科之间的有机联系。整合是以一种自然的方式来对待计算机，将信息技术作为工具和手段融合到学科课程中，就像在教学中使用黑板、粉笔一样自然、流畅，从而在学习学科知识的同时，培养学生的"信息素养"和综合能力。

信息技术与课程整合，不是把信息技术仅仅作为辅助教或辅助学的工具，而是强调要把信息技术作为促进学生自主学习的认知工具和情感激励工具，利用信息技术所提供的自主探索、多重交互、合作学习、资源共享等学习环境，把学生的主动性、积极性充分调动起来，使学生的创新思维与实践能力在整合过程中得到有效的锻炼，这正是创新人才培养所需要的。

在教育信息化背景下，很多学校都在尝试信息化教学，并取得了一些成果。但是，从总体来看，对信息化教学的教与学的行为的研究还处于初级阶段，还有许多具体和深入的问题需要研究与探索。比如，在接受式教学模式下，信息技术有何意义；技术是仅仅用于传递教学信息还是支持学生学习；如何利用网络创设学习环境以促进探究性学习、个性化学习、合作学习；教师如何把握网络环境下的教学模式和设计思想。这些问题都有待在理论层面、操作层面深入研究解决。

第二节　信息化教学与传统教学模式的差异

信息化教学与传统教学没有本质的区别，它也是教师的教和学生的学的双向共同活动。但是信息技术的出现和多媒体在教学中的应用，使信息化教学在教学手段、教学资源、教学环境以及教学模式等方面有了新的特点，并与传统教学相比有了很大的差异性。

一、教学手段的差异

从广义来讲，教学手段就是为了实现预期教学目的，教师和学生用来进行教学活动，作用于对象的信息的、精神的、物质的形态和力量的总和。在这里教学手段主要表现为某种具体的教学媒体。传统的教学媒体主要有黑板、教科书、标本、模型、图表等，因此，传统的教学手段是指教师针对教学内容，运用简单的媒体，单向传播教学信息的方式。信息化教学手段主要是随着多媒体技术在教学中的应用，教师将原来以教材形式存在的各种文字、图像、数据、表格转化为数字化的教学资源，利用多媒体呈现的方式进行教学，同时，多媒体资源也能够快速方便地通过网络传递、共享，提高教学效率。传统教学手段与信息化教学手段的差异如表2-1所示。

表2-1 传统教学手段与信息化教学手段的差异

	传统教学手段	信息化教学手段
表现形式	单一化	多样化
媒体特征	传统媒体	多媒体
讲授方式	灌输式讲授	交互式指导
信息传递	单向传递	双向、多向传递

传统教学形式单一，以课堂教学为主，教师传授知识、学生接受知识是主要的教学活动。信息化教学的形式多样化，在各种类型的教学环境中开展多样化的教学，如自主学习、协作学习、探究学习等。传统教学主要借助单一化的媒体开展教学活动，教学媒体承载教学信息的能力比较低，传递教学信息的功能比较简单、机械。信息化教学手段具有丰富的教学功能，通过大屏幕投影清晰地传授知识，通过网络开展小组讨论、师生答疑、作业提交、网上学习和测试等，加强了师生之间的交流，培养了学生的自主学习能力。信息化教学能够提高学习效果，信息化手段集声音、图像、文字等多种信息于一身，极大地满足了学生视听等感官的需求，激发了学生的学习兴趣。传统教学大多数采用灌输式的讲授方式，教学信息是从教师到学生的单向传递，没有考虑到每个学生的特点，不能做到"因材施教"，从而使教学比较枯燥乏味，不利于学生认知能力的发展。信息化教学采用的讲授方式是交互式指导，教师与学生之间互动交流，教学信息可以双向或多向传递，既可以从教师到学生，也可以从学生到教师，从而使师生之间形成平等的地位，有利于教学活动的有效实施。

同时，信息化教学具有直观性，它可使形、声、色浑然一体，把一些传统教学手段无法表现的复杂的过程、一些不易观察和捕捉的现象、一些无法现场呈现的场景，都真实、鲜活地呈现在课堂上，创设生动、形象、具有强烈感染力的情境，调动学生学习的积极性，使学生更好地掌握知识，从而提高教学效果。它具有传统教学手段所没有的趣味性、直观性，可以充分调动师生的积极性、主动性和创造性,突破教学的重难点,从而更加容易达到教学目的,使学生在愉快、轻松的环境中获得知识。

尽管传统教学手段和信息化教学手段有一定的差别,但是它们都有各自的优点,在教学过程中,它们是相互补充、取长补短的关系。我们应当将传统教学手段与信息化教学手段结合起来,实现优势互补,才能最大限度地提高教学质量。

二、教学资源的差异

教学资源是支持整个教学过程达到一定教学目的,实现一定教学功能的各种资源总和,是教学系统中的一切物化资源和非物化资源,主要包括教学资料、支持系统、教学环境等。传统教学资源与信息化教学资源的差异如表2-2所示。

表2-2 传统教学资源与信息化教学资源的差异

	传统教学资源	信息化教学资源
教学材料	书本、教科书、挂图、教学器具、课件、教学电视等	数字化素材、教学软件、补充材料等
支持系统	教师和同伴对学习者的指导与帮助	现代媒体和学习工具对教与学过程的参与,网络信息对学习内容的补充
教学环境	以教室为主,以课堂教学为主要教学形式	以信息技术的应用为特征,多样化的教学环境和教学形式

教学材料蕴含了大量的教育信息,是能创造出一定教育价值的各类信息资源。传统教学材料包括书本、教科书、挂图、教学器具、课件、教学电视等。信息化教学材料指的是以数字形态存在的教学材料,包括学生和教师在学习与教学过程中所需要的各种数字化的素材、教学软件、补充材料等,具体形式有:文本、图形/图像、音频、视频等素材类教学资源,虚拟实验室、教育游戏类、电子期刊类、教学模拟类、教育专题网站等集成型教学资源以及网络课程。

支持系统主要指支持教师有效开展教学活动以及学习者有效学习的内外部条件,包括学习能量的支持、设备的支持、信息的支持、人员的支持等。传统的支持系统主要是指教师和同伴对学习者学习的指导与帮助,以及工具书对学习者学习的帮助等。信息化教学资源的支持系统主要指现代媒体和学习工具对教与学过程的参与,以及海量的网络信息对学习内容的补充等。

教学环境不只是指教学过程发生的地点,更重要的是指学习者与教学材料、支持系统之间在进行交流的过程中所形成的氛围。传统的教学环境以教室为主,以课堂教学作为主要的教学形式。信息化教学环境以信息技术的应用为特征,包括校园网、多媒体教室、电子网络教室、电子阅览室、语音实验室、网络教学平台等,教师可以利用多样化的教学环境开展课堂教学,组织学生协作学习、探究学习,指导学生自主学习。

三、教学模式的差异性

教学模式是依据教学思想和教学规律而形成的在教学过程中比较稳固的教学程序及方法的策略体系。它包括教学过程中诸要素的组合方式、教学程序及其相应的策略等。传统教学模式与信息化教学模式的差异如表2-3所示。

表2-3 传统教学模式和信息化教学模式的差异

	传统教学模式	信息化教学模式
教师的地位	知识的灌输者	学习的指导者、帮助者
学生的地位	被动接受知识	主动构建知识者
媒体的作用	教师向学生传授知识的工具	教师教的工具、学生学的工具以及交互工具
教学内容的主要来源	课本、教材	课本、教材、网络资源等

在传统教学模式中教师是知识的主动施教者，学生是被动接受的对象，媒体是辅助教师向学生传授知识的工具，作为认知主体的学生在整个教学过程中处于被动的地位，扼杀了学生的主动精神和创新能力的培养和发挥。这种模式的优点是有利于教师主导作用的发挥，有利于教师对课堂教学的组织、管理与控制；但它存在一个很大的缺陷，就是忽略了学生的主动性、创造性，不能很好地体现学生的认知主体作用。不难想象，作为认知主体的学生如果在整个教学过程中处于比较被动的地位，肯定难以达到比较理想的教学效果，更难以培养出创造型人才。

随着现代信息技术在教育领域的应用，特别是网络教学的广泛应用，师生都处于一个信息来源极为丰富和多样的环境中，两者获得信息的机会几乎是均等的。教师不再以信息的传播者或组织良好知识体系的呈现者出现，而应由原来处于中心地位的知识权威转变为学生学习的指导者和合作伙伴。学生的学习不应该是被动接受信息刺激的过程，而是主动构建知识意义的过程。这需要学习者根据自己的知识背景，对外部信息进行主动选择、加工和处理，从而获得知识的意义。因此，信息化教学模式是根据现代教学环境中信息的传递方式和学生对知识信息加工的心理过程，充分利用现代教育技术手段（主要指多媒体计算机、教学网络、校园网和互联网）的支持，调动尽可能多的教学媒体、信息资源，构建一个良好的学习环境，在教师的组织和指导下，充分发挥学生的主动性、积极性、创造性，使学生能够真正成为知识信息的主动建构者，从而达到良好的教学效果。在这种模式下，教师成为课堂教学的组织者、指导者，学生建构意义的帮助者、促进者，而不是知识的灌输者和课堂的主宰者。

总之，知识不能通过教师简单地传递给学生，需要学生自己与学习环境进行交互从而完成知识的建构，这种建构无法由他人替代。教学不是知识的传递而是知识的处理和转换，教学由向学生传递知识转变为发展学生的能力，培养学生的主体意识、主体性、个性、创造性和实践能力。在教学过程中应关注动机的激发和维持以及提供学生自主学习的工具性支持。

第三节 信息化教学模式的理论基础

一、人的全面发展理论

教育目的既是教育活动的宗旨，也是教育活动开展的依据。在不同的社会历史时期，由于受历史条件、教育价值观的制约，把受教育者培养成何种质量规格的人才要求各不相同。中国古代教育家提出通过礼、乐、射、御、书、数的教育培养国之"士"；古希腊的教育家在教育中开设"七艺"，培养健康体魄、有道德、有美感的人；而在哲学成为神学婢女的中世纪欧洲，教育要培养为宗教神学献身的禁欲主义的僧侣。教育史上，关于教育目的的论述林林总总，但"文艺复兴后，人的全面发展几乎为近代西方每一个进步思想家所推崇，成为贯穿在近代历史文明发展中的崇高理想"。

（一）马克思主义的"人的全面发展"理论

人的全面发展，最根本的是指人的劳动能力的全面发展，即人的智力和体力的充分、统一的发展。同时，也包括人的才能、志趣和道德品质的多方面发展。人的发展始终是思想先驱们所思考的问题，普罗泰戈拉、圣西门、傅立叶等人均对人的发展进行过探讨。但直到19世纪中叶，马克思与恩格斯在吸收前人理论的基础上才提出了人的全面发展理论，标志着人的发展理论的正式确立。

马克思在青少年时代就开始思考有关人的发展问题，在《青年在选择职业时的考虑》中指出，职业选择主要指的是人类的幸福和自身的完善，这是马克思对人的发展的最早的描述。在进一步的思考下，马克思在《1844年经济学哲学手稿》中初步提出了人的全面发展的思想，指出"人以一种全面的方式，也就是说，作为一个完整的人，占有自己的全面的本质"。而在《关于费尔巴哈的提纲》中，马克思指出实践对人的全面发展的重要意义，认为"个人的全面发展，只有到了外部世界对个人才能的实际发展所起的推动作用为个人本身所驾驭的时候，才不再是理想、职责等等，这也正是共产主义者向往的"。这一系列理论初步形成了马克思关于人的全面发展思想。其后，马克思和恩格斯在《哲学的贫困》《共产主义原理》和《共产主义信条草案》，以及在《共产党宣言》中进一步论述和发展了这一思想，最终形成了完整的关于人的全面发展的理论。

马克思主义关于"人的全面发展"理论，概括起来主要包括以下几个方面的内容。

1. 人的需要的全面发展

马克思认为，需要是人的本性，需要是人类一切活动的源泉和动力，没有需要，就没有生产。人正是为了满足自己的生存、享受和发展需要，才进行物质生产和社会活动。人的需要的不断丰富和全面，标志着人本质力量新的呈现和人存在的充实。满足正当需要是人不可剥夺的权利，一切压抑人的正当需要，都是违背人性的，都从根本上否认了人本身。所谓人的需求的全面发展，就是除了物质需求以外，社会关系方面的各种需求和精神生活中的各种需求，以及自我实现和发展、自由的需求，等等。

2. 人的主体性的全面发展

人的主体性是指凭借自己的综合素质与实践活动而处于支配地位，成为主人的人所具有的特殊属性。马克思认为，人是社会历史的主体，人的主体性是人在创造自己历史的活动中所表现出来的能动性、创造性、自主性。

3. 人的能力或才能的全面发展

马克思把人的能力的全面发展看作人的全面发展的核心。人的能力的发展是人的全面发展的重要内容，发展人必须发展人的各种才能。人的能力是多方面的，包括人的自然力和社会能力、潜力和现实能力、体力和智力等。只有人的这些能力或才能都得到充分发展，才是真正的全面发展。

4. 人的个性的自由发展

人的自由个性是人的本质力量发展的集中体现，是个人的生理素质、心理素质和社会素质在不同社会领域的集中表现，是人的自主性、能动性、独特性、创造性的充分展示。马克思指出个性的自由发展就是"一切天赋得到充分发展"。

5. 人的社会关系的全面发展

人的社会关系是指人与自然、社会以及他人的关系。社会关系是人的现实本质，或是人的本质的现实性表现。马克思认为"人的本质并不是单个人所固有的抽象物，在其现实性上，它是一切社会关系的总和"。所以，在其本质意义上，人的全面发展实际上就是人的一切社会关系的全面发展，因为"社会关系实际上决定着一个人能够发展到什么程度"，"一个人的发展取决于与他直接或间接进行交往的其他一切人的发展"。因此，人必须积极参与社会生活中多种领域的交往，在交往中形成丰富而全面的社会关系。可见，人的全面发展的核心内容就是人的本质的全面发展。人的本质的全面发展，也就是人的社会属性即人的社会关系的全面发展。人的本质的丰富性、全面性取决于社会关系的丰富性、全面性。没有个人与社会之间的普遍联系，个人的才能就不能得到发展，人的社会性质也不能得以充分体现。只有人的社会关系得到高度的丰富和发展，人的全面发展才有可能。

（二）人的全面发展是现代教育的共同追求

古希腊哲学家亚里士多德主张"和谐教育"。夸美纽斯在其名著《大教学论》一书中，提出了泛智教育的理想，希望所有的人都受到完善的教育，使之得到多方面的发展，成为和谐发展的人。法国启蒙思想家卢梭是自然主义教育思想的代表，他认为教育的目的和本质，就是促进人的自然天性，即自由、理性和善良的全面发展。瑞士教育家裴斯泰洛齐倡导教育应以善良意志、理性、自由及人的一切潜在能力的和谐发展为宗旨。

（三）人的全面发展是21世纪社会发展的要求

21世纪，全球正在全方位迈向知识经济时代，这是一个不可抗拒的历史性转变。知识经济本质上是人才经济、头脑经济、智慧经济。

知识经济中，以知识、信息为基础的产业将占有越来越大的比重，"生产"过程日益"非物质化""智力化"，人与物质和技术的关系将降至次要地位。要求人才从学会掌握某种职业的实用技能，转向注重培养适应劳动世界变化的综合能力（包括劳动技能以外的合作精神、创新精神、风险精神、交流精神等）；要求人才不仅具备智力技能，还需要具备社会技能，包括人际关系处理技能等。

随着科学技术的迅速进步，原有的职业会被淘汰，新的职业将陆续产生。一个人多次变动工作或劳动场所将是常事。追求人的全面发展，重在培养素质、能力，才能适应21世纪社会发展的要求。

二、建构主义学习理论

（一）建构主义学习理论的基本内容

1. 皮亚杰的认知发展理论

建构主义的最早提出者是瑞士认知心理学家皮亚杰（Jean Piaget），他的建构主义是基于他有关个体的认知发展的观点，他发展了发生认识论。从个体认知发展理论和个体发展阶段理论出发，皮亚杰认为，个体所获得的成功主要不是由教师传授，而是出自个体本身，是个体主动发现、自发学习的结果。个体是在与周围环境相互作用的过程中，逐步建构起关于外部世界的知识，从而使自身认知结构（图式）得到发展。他指出"认识既不能看作是在主体内部结构中预先决定了的——它们起因于有效的和不断的建构；也不能看作是在客体的预先存在着的特性中预先决定了的，因为客体只是通过这些内部结构的中介作用才被认识的"。知识既不是客观的东西，也不是主观的东西，而是个体在与环境交互作用的过程中逐渐建构的结果。

个体认知结构的发展涉及三个基本过程：同化、顺应和平衡。

（1）同化

同化是指把外部环境中的有关信息吸收进来并结合到个体已有的认知结构中，即个体把外界刺激整合到自己的认知结构内的过程。随着个体认知的发展，同化依次经历了下列三种形式：再现性同化、再认性同化和概括性同化。再现性同化是基于个体对出现的某一刺激做出相同的重复反应；再认性同化是基于个体辨别物体之间差异借以做出不同反应的能力；概括性同化是基于个体知觉物体之间的相似性并把它们归于不同类别的能力。

（2）顺应

顺应是指外部环境发生变化而已有的认知结构无法同化新信息时所引起的个体认知结构发生改变的过程，即个体的认知结构因外部刺激的影响而发生改变的过程。顺应与同化是相伴而行的，没有纯粹的同化，也没有单纯的顺应。同化是认知结构数量的扩充（图式扩充），而顺应则是认知结构性质的变化（图式改变）。因此，认知个体的发展是同化与顺应之间对立统一过程的产物。

（3）平衡

平衡是指个体通过自我调节机制使认知发展从一个平衡状态向另一个较高平衡状态过渡的过程。认知个体（个体）就是通过同化与顺应这两种形式来达到与周围环境的平衡：当个体能用现有图式去同化新刺激时，他是处于一种平衡的认知状态；而当现有图式不能同化新刺激时，平衡即被破坏，而修改或创造新图式（顺应）的过程就是寻找新的平衡的过程。个体的认知结构就是通过同化与顺应过程逐步建构起来，并在"平衡—不平衡—新的平衡"的无限循环中得到不断的丰富、提高和发展。

2. 建构主义学习理论的基本观点

建构主义学习理论是认知主义学习理论的进一步发展，该理论发展了早期认知学习论中已有的关于"建构心理结构"的思想，强调学生在学习过程中主动建构知识的意义，并力图在更接近、更符合实际情况的情境性学习活动中，以个人原有的经验、心理结构和信念为基础来建构和理解新知识。

近年来，建构主义流派纷呈，呈现出百家争鸣的昌盛局面。各种建构主义观点的立足点尽管存在分歧，但它们对学习的观点都有以下几点共识。

（1）学习是学习者主动建构内部心理表征的过程

建构主义认为，根本不存在一成不变的"客观"事实。学习不是由教师向学生传递知识，而是学生根据外在信息，通过自己的背景知识和经验，自我建构知识的过程。在这个过程中，学习者不是被动的信息吸收者和刺激接受者，他既要对外部信息进行选择和加工，又要根据新知识与自己原有经验背景知识相关联，主动地建构信息的意义。

（2）学习过程是一个双向建构的过程

建构主义认为，建构一方面是对新信息的意义建构，运用原有的经验超越所提供的信息；另一方面又包含对原有经验的改造和重组。在学习过程中，每个学习者都在以自己原有的经验系统为基础对新的信息进行编码，建构自己的理解，而且，原有知识又因为新经验的进入而发生调整和改变，所以学习并不单单是信息的量的积累，它同时包含由于新旧经验的冲突而引发的观念转变和结构重组，学习过程也不单单是信息的输入、存储和提取，而是新旧经验之间双向的相互作用过程。

（3）学习具有社会性

建构主义认为，知识或意义是以学习者原有的经验背景知识为基础建构起来的，由于每个人所处的社群、积累的经验和具有的文化背景不同，因此，他们对事物的理解也是存在个体差异的。因此，知识或意义不仅是个人主动建构的结果，而且需要依靠意义的社会共享和协商进行深层的建构。人的自然属性和社会属性决定了他们不可能孤立地在社会实际生活中完成学习，必然要彼此之间进行交流和协作。通过对话、协商、沟通，学习者能够看到那些与自己不同的观点，在多种不同观点的"碰撞"和"融合"中，激励学习者自我反思，完善对知识的意义建构。

（4）学习具有情境性

建构主义认为学习发生于真实的学习任务中。真实的学习任务不仅有利于激发学习者的学习主动性，而且这种客观活动还是个体建构知识的源泉。一方面表现在学习者理解、建构知识受特定学习情境的影响，个人的认知结构是在与社会交互作用，并与其自身的经验背景相互作用，从而逐步形成与完善起来的。另一方面表现在知识在各种情况下的应用不是简单套用，而是需要针对具体情境的特殊性对知识进行再创造。

3. 构建主义学习理论的学习观

建构主义学习理论认为，知识不是通过教师传授得到的，而是学习者在一定的情境即社会文化背景下，在学习过程中其他人（包括教师和学习伙伴）的帮助下，利用必要的学习资料，通过意义建构的方式而获得的。由于学习是在一定的情境即社会文化背景下，在其他人的帮助下即通过人际间协作活动而实现的意义建构过程，认为"情境""协作""会话"和"意义建构"是学习环境中的四大要素或四大属性。

（1）"情境"：学习环境中的情境必须有利于学生对所学内容的意义建构。

（2）"协作"：协作发生在学习过程的始终。协作对学习资料的收集与分析、假设的提出与验证、学习成果的评价直至意义的最终建构均有重要作用。

（3）"会话"：会话是协作过程中不可缺少的环节。学习小组成员之间必须通过会话商讨如何完成规定的学习任务的计划；此外，协作学习过程也是会话过程，在此过程中，每个学习者的思维成果（智慧）为整个学习群体所共享，因此会话是达到意义建构的重要手段之一。

（4）"意义建构"：这是整个学习过程的最终目标。所要建构的意义包括事物的性质、规律以及事物之间的内在联系。在学习过程中帮助学生建构意义就是要帮助学生对当前学习内容所反映的事物的性质、规律以及该事物与其他事物之间的内在联系达到较深刻的理解。

4. 建构主义学习理论的知识观

（1）知识不是对现实的纯粹客观的反映，任何一种传载知识的符号系统也不是绝对真实的表征。它只不过是人们对客观世界的一种解释、假设或假说，它不是问题的最终答案，但它必将随着人们认识程度的深入而不断变革、升华和改写，出现新的解释和假设。

（2）知识并不能绝对准确无误地概括世界的法则，提供对任何活动或问题解决都实用的方法。在具体的问题解决中，知识是不可能一用就准，一用就灵的，而是需要针对具体问题的情境对原有知识进行再加工和再创造。

（3）知识不可能以实体的形式存在于个体之外，尽管通过语言赋予了知识一定的外在形式，并且获得了较为普遍的认同，但这并不意味着学习者对这种知识有同样的理解。真正的理解只能是由学习者自身基于自己的经验背景而建构起来的，取决于特定情况下的学习活动过程。否则，就不叫理解，而是叫死记硬背或生吞活剥，是被动的复制式的学习。

5. 建构主义学习理论的学生观

（1）建构主义强调，学习者并不是空着脑袋进入学习情景中的。在日常生活和以往各种形式的学习中，他们已经形成了有关的知识经验，他们对任何事情都有自己的看法。即使有些问题他们从来没有接触过，没有现成的经验可以借鉴，但是当问题呈现在他们面前时，他们还是会基于以往的经验，依靠他们的认知能力，形成对问题的解释，提出他们的假设。

（2）教学不能无视学习者已有的知识经验，简单强硬地从外部对学习者实施知识的"填灌"，而是应当把学习者原有的知识经验作为新知识的生长点，引导学习者从原有的知识经验中，生长新的知识经验。教学不是知识的传递，而是知识的处理和转换。教师不再是知识的呈现者，不是知识权威的象征，而应该重视学生自己对各种现象的理解，倾听他们时下的看法，思考他们这些想法的由来，并以此为据，引导学生丰富或调整自己的解释。

（3）教师与学生、学生与学生之间需要共同针对某些问题进行探索，并在探索的过程中相互交流和质疑，了解彼此的想法。由于经验背景不可避免的差异，学习者对问题的看法和理解经常是千差万别的。其实，在学生的共同体中，这些差异本身就是一种宝贵的现象和资源。建构主义虽然非常重视个体的自我发展，但是不否认外部引导，亦即教师的影响作用。

（二）建构主义学习理论对信息化教学模式的指导意义

建构主义学习理论认为，学习是学习者通过一定的情境（社会文化背景），借助其他人（教师或学习伙伴），利用必要的学习资源，通过协作会话的方式，主动建构知识意义的过程。在这个过程中，学习者是学习活动的主体，教师是学习者学习的帮助者、促进者和引导者。在教学设计中，建构主义学习理论的指导主要体现在以下几个方面。

1. 情境创设

建构主义学习理论强调为学习者的学习提供真实的情境。一方面能够激发学习者的学习动机，使学习者产生学习需求，驱动学习者主动学习、积极探究；另一方面能够增强知识运用的情境性，有助于学习者完成知识的意义建构，实现知识的有效迁移。在教学设计程序的开发中，利用多媒体图、文、声、像并茂的优势，根据学习内容，将各种媒体资源有机整合，创设多媒体的直观情境，激发学生的学习兴趣。教师可以利用学生的好奇心和问题的导向功能，巧妙地设置引人注意和思考的问题，调动学生探究发现的积极性，引导他们主动寻求解决问题的方法。教师可以利用虚拟现实仿真技术，创设接近真实的在线实验情境，让学生在虚拟的实验情境中完成实验操作和数据分析，培养学生科学研究的态度和能力。

2. 学生作为认知主体的体现

建构主义学习理论认为学生不是知识的被动接受者，不是被灌输的对象，而是信息加工的主体，在学习过程中发挥认知主体的作用。在教学设计程序的开发中，不能仅仅注重知识内容的呈现，更重要的是强调学生在进行学习的过程中认知主体的体现。教学程序中既要为学习者开辟自主学习的空间，又要为学习者之间的协作交流创造条件。

（1）自主学习的设计

在教学程序中，根据学习内容的特点，设计多种自主学习策略，提供各种符合学科特点的认知工具，引导学习者自主完成知识的意义建构。设计层次分明、难度适宜的测试题，供学习者在学习的过程中进行自我评价，并根据学习者的作答情况及时给出适应性的反馈和建议。

（2）协作学习的设计

协作学习不仅能够提高学生的创新思维和发散思维能力，而且有利于培养学生人际交往的能力和团队精神。适当的协作学习任务（问题）和便利的通信工具是实现在线协作的前提。在教学程序的开发中，根据学习内容，设置学习者感兴趣的问题，激发学习者的协作动机，促使学习者积极参与讨论；提供各种协作工具（电子公告板、聊天室、电子邮件和协作学习平台等），便于学习者以问题讨论的形式进行在线交流和协商。

3. 教师发挥主导作用的体现

建构主义学习理论强调在教学过程中教师主导作用的发挥。教师不再是知识的传授者和灌输者，而是学生进行意义建构的帮助者和促进者。在教学程序的开发中，我们可以从以下三种途径实现教师的主导作用。

（1）设计教学策略帮助学习者实现知识的意义建构

一门课程要引起学生的兴趣，促使学生积极地投入，除了课程内容本身的丰富精彩，更重要的是教师灵活而巧妙地设置各种不同的激励策略和教学策略。从多种角度激发学习者的学习动机，为学习者提供个性化的学习指导，从而更好地发挥学习者的主人翁精神，自主完成知识的意义建构。在教学程序中，教师可以在每个章节内容的学习前，针对本章节的具体学习内容，设计情感激励、问题诱导、任务驱动等动机激发策略，提供可行的学习建议和指导，帮助学习者进行学习导读；教师还可以针对每个章节内容的重难点，设计

"支架式策略""抛锚式策略""随机进入式策略"等自主学习策略，提供大量多媒体资源和其他网络资源，引导学习者更好地理解掌握学习内容。

（2）引导和监控学习过程

为了保证学习的顺利进行，教师的适时引导是必不可少的。在教学中，学生的自主学习和协作学习都离不开教师的引导。

教师可以借助人工智能技术，设计专家系统或者伙伴助手，对学习者实现在线的个性化学习指导；还可以开辟教师的答疑空间，学生在完成单元内容或课程内容的学习以后，如果有困惑，或者是难以解决的问题，可以通过电子邮件的形式发送请求，实现异步交流。同时，也可以通过论坛的形式在线咨询，实现同步交互。

（3）设计学习评价

在教学中，教师根据课程教学目标的要求，设计大量不同类型和层次的测试题，学习者可以在线进行自我测试，并依据反馈信息检验自己的学习是否达到学习目标的要求；教师还可以设置综合性强，且与课程内容相关的实际问题或任务，让学习者通过设计问题解决方案、创作作品、设计实验操作等实践活动，检验学生综合运用知识的能力。

三、多元智能理论

（一）多元智能理论的产生

20世纪初，法国心理学家比奈创造了智力测验，用来测量人的智力的高低。1916年，德国心理学家施太伦提出了"智商"的概念：智商即智力商数，是用数值来表示智力水平的重要概念。1935年，亚历山大第一次提出"非智力因素"这个概念。"非智力因素"是指记忆力、注意力、观察力、想象力、思维力等智力因素之外的一切心理因素，主要包括动机、兴趣、情感、意志、性格等，这些非智力因素都是直接影响和制约智力因素发展的意向性因素。但是，这一理论提出后，并未受到人们的关注。

1967年，美国在哈佛大学教育研究生院创立"零点项目"，由美国著名哲学家戈尔曼主持。"零点项目"主要任务是研究在学校中加强艺术教育，开发人脑的形象思维问题。在从这以后的20年间，美国对该项目的投入达上亿美元，参与研究的科学家、教育家超过百人，他们先后在100多所学校做实验，有的人从幼儿园开始连续进行20多年的跟踪对比研究，出版了几十本专著，发表了上千篇论文。多元智能理论就是这个项目在20世纪80年代的一个重要成果。

哈佛大学霍华德·加德纳教授在参与此项研究中首先重新考察了大量的、迄今没有相对联系的资料，即关于神童的研究、关于脑损伤病人的研究、关于有特殊技能而心智不全者的研究、关于正常儿童的研究、关于正常成人的研究、关于不同领域的专家以及各种不同文化中个体的研究。通过对这些研究的分析整理，他提出了自己对智力的独特理论观点。基于多年来对人类潜能的大量实验研究，加德纳在1983年出版的《智力的结构》一书中，首次提出并着重论述了他的多元智能理论的基本结构，并认为支撑多元理论的是个体身上相对独立存在着的、与特定的认知领域或知识范畴相联系的八种智力，这些为多元智能理论奠定了理论基础。

（二）多元智能理论对教育改革的意义

1. 多元智能理论有助于形成正确的智力观

真正有效的教育必须认识到智力的广泛性和多样性，并使培养和发展学生各方面的能力占有同等重要的地位。

2. 多元智能理论有助于转变教师的教学观

我国传统的教学基本上以"教师讲，学生听"为主要形式，辅之以枯燥乏味的"题海战术"，而忽视了不同学科或能力之间在认知活动和方式上的差异。多元智能理论认为，每个人都不同程度地拥有相对独立的八种智力，而且每种智力有其独特的认知发展过程和符号系统。因此，教学方法和手段就应该根据教学对象和教学内容而灵活多样，因材施教。

3. 多元智能理论有助于形成正确的评价观

多元智能理论对传统的标准化智力测验和学生成绩考查提出了严厉的批评。传统的智力测验过分强调语言和数理逻辑方面的能力，只采用纸笔测试的方式；过分强调死记硬背的知识，缺乏对学生理解能力、动手能力、应用能力和创造能力的客观考核。因此，传统的智力测验是片面的、有局限性的。多元智能理论认为，人的智力不是单一的能力，而是由多种能力构成的。因此，学校的评价指标、评价方式也应多元化，并使学校教育从纸笔测试中解放出来，注重对不同人的不同智能的培养。

4. 多元智能理论有助于转变教师的学生观

根据多元智能理论，每个人都有其独特的智力结构和学习方法。所以，对每个学生都采取同样的教材和教法是不合理的。多元智能理论为教师提供了一个积极乐观的学生观，即每个学生都有闪光点和可取之处，教师应从多方面去了解学生的特长，并相应地采取适合其特点的有效方法，使其特长得到充分的发挥。

5. 多元智能理论有助于形成正确的发展观

按照加德纳的观点，学校教育的宗旨应该是开发多种智能并帮助学生发现适合其智能特点的职业和业余爱好，应该让学生在接受学校教育的同时，发现自己至少有一个方面的长处，学生就会热切地追求自身内在的兴趣。

四、素质教育理论

素质教育是指一种以提高受教育者诸方面素质为目标的教育理念，相对于应试教育而言，它重视人的思想道德素质、能力培养、个性发展、身体健康和心理健康教育。

（一）素质教育

1. 素质教育的定义

目前，教育界对素质教育内涵的研究，由于角度不同，给素质教育下的定义也不尽相同。有人依据"强调点"归纳素质教育，有的强调以人的发展为出发点，有的同时强调人的发展和社会发展，有的强调公民素质，有的强调先天与后天相结合，有的把各种素质平列，有的试图划分素质层次，还有的强调通过科学途径充分发挥天赋。综观这些定义，虽然表述不一，但有着共同特点。

第一，认为素质教育是以全面提高全体学生的基本素质为根本目的的教育。

第二，认为素质教育要依据社会发展和人的发展的实际需要。

第三，在某种意义上，素质使人联想到潜能。这些定义不仅都主张充分开发智慧潜能，还主张个性的全面发展，重视心理素质的培养。

依据以上的分析，可以将素质教育定义为：素质教育是依据人的发展和社会发展的实际需要，以全面提高全体学生的基本素质为根本目的，以尊重学生个性，注重开发人的身心潜能，注重形成人的健全个性为根本特征的教育。

2. 素质教育的本质

其实，对于什么是素质教育的问题，回答应该是清楚的。李岚清指出"素质教育从本质来说，就是以提高国民素质为目标的教育"。这是从教育哲学的角度在教育目的层次上对素质教育概念的一种规定，这一规定把素质教育与其他种种不是以提高国民素质为目标的教育区分开来。例如，它明确地区分了素质教育与应试教育。

第一，素质教育的目标是提高国民素质；而应试教育的目标是"为应试而教，为应试而学"，在此目标导向下，即使客观上能使部分学生的某些素质获得浅层次发展，也只能是片面的，是以牺牲其他方面的发展为代价的。

第二，素质教育以提高国民素质为目标，必然要面向全体学生，面向每一位未来的国民；而应试教育则把目光盯在少数升学有望的学生身上，弃多数学生于不顾，甚至不惜给正常儿童扣上"弱智"帽子，使其不列入分数统计。

第三，素质教育为了提高国民素质，强调教育者发挥创造精神，从学校实际出发设计并组织科学的教育教学活动，促进受教育者在自主活动中将外部教育影响主动内化为自己稳定的身心素质；而应试教育则使教育者跟着考试指挥棒亦步亦趋，是在教学方法上以灌输、说教、被动接受为基本特征的一种方式。

（二）实施素质教育的意义

实施素质教育是时代的呼唤，是社会发展的需要。

1. 实施素质教育是我国社会主义现代化建设的需要和迎接国际竞争的迫切需要

21世纪以来，我国的经济体制从计划经济体制转变为社会主义市场经济体制，经济增长方式从粗放型转变为集约型。我们正在实施科教兴国战略和可持续发展战略，我们要在21世纪激烈的国际竞争中处于战略主动地位。在实现现代化这一宏伟实践当中，在完成新的社会转型的过程当中，我们面临着资金、技术和物质资源不足的问题，而最大的问题是素质和人才问题。在我国这样一个人口多、底子薄的发展中国家，如何把沉重的人口负担转化为人力资源的优势，是现代化建设的关键所在。这正如党的十五大报告所指出的，"我国现代化建设的进程，在很大程度上取决于我国国民素质的提高和人才资源的开发"。国民素质的提高必须依靠教育，人力资源的开发所指的就是教育。这就要求我们必须优先发展教育，而且必须实施素质教育。唯有如此，才能实现发展教育的根本任务，提高民族素质。正如《中国教育改革和发展纲要》所指出的："发展教育事业，提高全民族的素质，把沉重的人口负担转化为人力资源优势，这是我国实现社会主义现代化的一条必由之路"。

2. 实施素质教育是迎接21世纪科技挑战的需要

当代科学技术发展的特点是：发展速度加快，新领域突破增多；学科高度分化而又高度综合；科学技术转化为生产力的周期大大缩短；知识信息传播超越时空。当代科学技术的飞速发展，同时也带来了产业结构的不断调整和职业的广泛流动性。所有这些都对未来人的素质的培养和教育提出了新要求。为了更好地迎接21世纪科学技术和知识经济的挑战，每一个人都必须终身学习，不断调整、提高、发展自己。在终身教育观、大教育观的指导意义下，基础教育阶段具有特殊的意义，每一个人在基础教育阶段都要打好基础，养成基本素质，学会学习，学会自主地发展自己。

3. 实施素质教育既是社会的要求，又是教育领域自身的要求

我国正在实施九年制义务教育。所谓义务教育，指的是依据法律，国家、社会、家庭必须予以保证，适龄儿童青少年必须接受的一定年限的教育。义务教育的实施，标志着社会教育观念从少数到全体、从权利到义务、从家庭和个人的事情到社会公务的革命性转变。义务教育的本质要求就是要使每一个人都得到应有的发展。而素质教育面向全体反映了义务教育的这一本质要求。

终身教育是我们打开21世纪大门的一把钥匙。终身教育概念起初应用于成人教育，后来逐步应用于职业教育，现在则包括整个教育过程和个性发展的各个方面。应试教育的倾向不能适应时代的需要，实施素质教育也正是在克服应试教育倾向中逐步明确、逐步提出的基础教育改革课题。素质教育是我们时代和社会的需要，是我们基础教育改革的时代主题，也是我们克服应试教育影响的总对策。

第四节　信息化教学环境

一、环境与信息化教学环境

环境一词的通常含义是"直接或间接影响个体的形成和发展的全部外在因素"。环境包括自然环境和社会环境。一般生物的环境是由纯粹的自然存在物构成的，这种纯粹的自然环境是人与动物共有的环境，是人与动物生存的基础，离开了它，人和动物都不能生存下去。然而，自然环境毕竟只是人类生存和发展的一个基础，真正给人的身心发展以巨大影响的是社会环境。社会环境是人类社会所特有的环境，它由人生活于其中的各种社会条件、社会关系、社会意识形态以及经过改造的自然等因素构成。社会环境决定着人的社会化程度，决定着人身心发展的内容、方向和水平。

教学环境则是指教学要素存在于其中，并能影响受教育者发展的一切外部条件的综合。它有广义和狭义之分。从广义上说，社会政治经济制度、科学技术发展水平、社区文化、家庭条件以及亲朋邻里等，都属于教学环境，因为所有这些在某种程度上都制约和影响着教学活动的成效；从狭义上说，即定向于学校教学活动而言，主要是指学校教学活动的时空条件、各种教学设施、教学设备、校风、班风、师生关系、心理环境等。

随着教育信息化的发展，教育环境发生了很大的改变，教育环境从传统课堂发展到信息技术应用空间，形成了信息化教学环境。信息化教学环境可以理解为在教与学的实践活动中，所涉及的系统化的信息技术设施、布局、应用条件等，即实现教学信息呈现与教学资源共享、有利于学生主动参与和协作讨论、有利于信息反馈和教师调控的现代化教学环境。随着多媒体技术和网络技术的发展以及校园网络的逐渐普及，学校的信息化教学环境大为改善，为教师运用现代教育理论、教学模式和教学方法提供了优良的支持平台，十分有利于高素质、创造性人才的培育与成长。

也有人认为，"学校现代教育技术环境是指学校教学活动周围的现代教育技术条件"（李运林，1998）。并且认为学校现代教育技术条件应包括以下几个重要方面：现代学习资源设计、开发的条件，现代学习资源利用的条件，现代学习过程设计、开发与利用的条件，学习过程和学习资源的现代管理与评估条件。

二、信息化教学环境的作用

根据 AECT94 教育技术"教育技术是关于学习过程与学习资源的设计、开发、利用、管理和评价的理论与实践"，信息化教学环境应该是为实现学习过程与学习资源的设计、开发、利用、管理、评价提供支持的外部因素，信息素养对学生的信息意识、信息能力、信息道德、实践能力、创新能力提出了要求。为此，信息化教学环境应该是能满足培养学生的信息素养，同时应能起到如下作用。

①提供现代学习资源设计、开发的条件。现代学习资源主要是指幻灯、投影、录音、电影、电视、计算机等现代教学媒体，包括硬件和软件。至于这些现代教学媒体的设计、开发，应该设立专门的研究与生产部门去进行，但在一些学校，应该具备部分现代教育媒体设计与开发的条件，如幻灯投影教材、录音教材、录像教材、计算机课件等的设计与开发条件。

②提供现代学习资源利用的条件。学校应为多种多样的现代教学媒体运用于教学活动提供条件。这是信息化教学环境建设的重点，它的建设内容渗透到校园教学环境的各个方面。例如，在校园环境中，有校园的信息网络，以实现信息资源的共享与利用；在教室环境中有多种媒体组合的课堂教学环境；在图书馆环境中有视听阅览室；在实验室、实践基地环境中有充分利用现代媒体技术强化教学活动的功能；在社会与家庭环境中通过建立信息网络控制与利用各类信息去提高教学活动的质量与水平等。

③提供现代学习过程设计、开发与利用的条件。现代学习过程是指在现代教育思想与理论的指导下，运用现代教育媒体去开展的学习进程结构。从另一角度被称为新型的教学模式。信息化教学环境要为创建现代学习过程或新型的教学模式创造条件。

④提供学习过程和学习资源的现代管理与评估条件。其中包括应用现代科学理论与技术成果，建立学校教学信息管理，如教育电视监控、计算机教学管理、校长办公室教学管理等；学习资源检索与管理，以及教学信息的反馈分析和学生考试评分等。

信息化教学环境不仅是学校教学环境的一部分，也是在教育现代化进程中，需要加速建设的部分。因此它的建设必须与一般的教学环境建设密切结合为有机的整体，才能充分发挥其在教学活动中的功能与作用。另外，信息化教学环境，在学校中是一个独立的环境体系，但它必须依赖全国性和地区性信息化教学环境，与它密切联系、相互补充，才能发挥更大的功能与作用。

三、信息化教学环境建设的功能要求

教育部于1997年启动了1000所现代教育技术实验学校项目，其中对实验学校的教育技术教学环境建设提出要求，即在"项目实施过程中，要结合实际，积极建设好现代教学环境，并从发挥最大效益出发，建立不同功能的现代化教学环境，使这些教学环境有利于开展多种媒体组合教学，有利于教师对教学过程的调控，有利于学生的积极参与和学习主体作用的充分发挥，有利于开展个别化学习，有利于多种学习资源的利用和资源的共享等"。对教育技术教学环境功能的基本要求如下。

①有利于开展多种媒体组合教学。如多媒体综合教室，将传统的黑板（白板）和多种现代媒体如幻灯、投影、录音、录像、影碟、多媒体计算机等组合成一个有机系统。大大方便了教师开展多媒体组合教学。

②有利于教师对教学过程的调控。这意味着在教学中教师能方便地动手去操作各种媒体，又能方便地取得学生的学习信息去调控整个教学进程。

③有利于学生的积极参与和学习主体作用的充分发挥。这意味着使学生能利用多种感官，主动获取信息、加工信息，形成自身的知识结构与能力。

④有利于开展个别化学习。这意味着提供学习资源的数量要多，传输技术要先进，以便学生根据自身需求进行有效的个别化学习。

⑤有利于多种学习资源的利用和资源的共享。这意味着要建立学校的学习资源中心和信息传输网络，达到资源的共享和充分利用。

学校建设的教育技术教学环境，不一定每个都同时具备上述5个有利因素，但起码要满足上述1~2个有利因素。在建设中必须结合实际，讲求效益。结合实际，是指教育技术教学环境建设必须根据教学的实际需要和可以投入经费能力的实际。我国地域广阔，经济发展差异很大，各地的教育经费投入也受多种因素制约，因此教育环境建设必须考虑自身的经济能力，从实际出发，去建设合适的项目。讲求效益，是指信息化教学环境必须得到充分利用，用出效果，不能只做摆设，成为参观活动的展品，应付评比。同样教学功能的环境应采用最节省经费的方案，提高功能价格的比值。

第三章　高校英语信息化教学研究背景

第一节　现代信息技术与高校英语教学的融合发展

面对日趋"世界社会形态"且由信息资本决定社会地位的社会，人们需要不断地获取支撑自己生存发展的信息资本。英语是人们获取各类信息资本的工具而不是信息本身，掌握一门乃至多门语言以利准确获取知识信息正成为当代人的日常需要。因此人们希望更加便捷地学习英语，于是大量共享开放网络英语学习资源和"慕课"等在线课堂应运而生，所有学习人群甚至在校学生都不再安心于课程、课堂和既定教材的传统学习方式。21世纪的英语教育形式，正在向"无所不在""随时随地"和个性化的泛在学习转向，英语教育的信息化革命已经悄然来临。

在网络信息化的急速发展下，我国大学英语课堂教学存在诸多的变量影响因素，主要包括内部因素、外部因素以及处境因素。其中内部因素具体包含教师因素、教学理论元认知因素与教师专业发展因素。教师本身的成长经历、学习经历属于一种固化因素，其固化体现在不可改变性，能够对教师的教育思想以及教育方式等造成重大的改革。在大数据背景下，丰富的资源为教师提供了改革的途径，同时新技术的出现也使学生具有了丰富的选择，也对教师的教育思想以及方式的转变提出了新的要求。

因此，教育部于2012年3月颁布了《教育信息化十年发展规划（2011—2020年）》（以下简称《规划》），制定了2011—2020年全国教育信息化的建设蓝图。《规划》在"信息技术对教育具有革命性影响"的思想指引下，强调推进教育信息化体系建设，提出既从教育同时也从技术的双向角度，全力推进信息技术与学科教育深度融合创新。《规划》指出，教育信息化在对教育起到支撑作用的同时，还需要更多地强调它对学科教育变革的引领性作用，即教育信息化要革新各学科教育的主流业务，而不是利用教育技术作为各学科教育的一种辅助手段。《规划》强调要利用教育信息化破解长期制约我国教育创新的发展瓶颈，"到2020年全面完成《国家中长期教育改革和发展规划纲要（2010—2020年）》所提出的教育信息化目标任务，形成与国家教育现代化发展目标相适应的教育信息化体系"。为此需要"加快教育信息基础设施建设、加强优质教育资源开发与应用、构建国家教育管理信息系统"。《规划》要求教育信息化与我国未来10年的教育现代化发展进程相适应，要为我国教育现代化事业做好支撑，成为教育现代化进程中的核心组成部分。《规划》明确教育信息化体系不是单纯基础设施建设，而是一种总体协调运行的能力体系建构。它不仅包括硬件基础设施，还包括应用软件系统、数字教育资源、管理信息系统、人才队伍、制度保障等全部教育现代化的发展要素。

　　由此可见，10年《规划》的核心理念是使信息技术真正进入学科教育并使其发挥无可替代的核心作用。为了实现这一战略目标，教育信息化建设就必须告别之前"建网、建库"等以硬件建设为中心的思维定式，善于利用既有网络信息技术环境和共享服务资源，实现学科教育的变革与创新。"'以硬件为中心'引领的思路是首先建设硬软件，然后为了推动硬软件的使用，再配套资源、开展培训、调整制度、开展服务等"，而"'以应用为核心'的思路则是先调研实践应用以及人的发展需求，围绕需求问题的解决……形成解决的能力体系"。毫无疑问，英语教育改革也需要"关注推进信息系统从孤立走向连接与整合……实现从独立系统到集成化的综合服务的转向"，需要"从关注个别学校的实验转向推进整体区域的规模质量效益，从关注技术教育应用的表面转向各学科教学质量和促进学生学习质量的实际提高，从关注短期行为转向关注可持续发展"。

　　总之，从教育实际出发研究英语教育规律我们不难认识到，面对信息技术时代扑面而来的优质英语学习资源和共享开放的在线课堂，英语学科教育的信息化诉求正日趋强烈，传统英语教育的功能性质必然发生革命性的转变。

第二节　高校英语课程改革提出的新要求

　　随着社会经济的发展和科学技术的进步，人类进入了信息社会的发展阶段。信息社会的来临，对教育教学提出了新的人才培养目标和挑战，同时也为教育的发展提供了新的机遇和有利条件。近年来，随着计算机、多媒体和互联网教育应用的飞速发展，高等教育的内容和形式发生了重大的变革，大学英语教学的内容和模式也发生了很大改变。为了适应新形势下人才培养的需要，我国高等院校纷纷对大学英语教学进行了新一轮的改革，这一时期的改革呈现出新的趋势和走向。

　　高校英语教学改革，应该重视确立新型的大学英语教学模式。为了适应国家和社会的发展需要，2010年第四次全国教育工作会议上提出要创新人才培养模式，创新教育教学方法，倡导启发式、探究式、讨论式、参与式教学，激发学生好奇心，发挥学生主动精神，鼓励学生进行创造性思维，改变单纯灌输式的教育方法。而《课程要求》也指出，要在大学英语教学中采用新的教学模式。新的教学模式应以现代信息技术，特别是网络技术为支撑，使英语的教与学可以在一定程度上不受时间和地点的限制，朝着个性化和自主学习的方向发展，改进以教师讲授为主的单一教学模式。这种新的教学模式应体现英语教学实用性、知识性和趣味性相结合的原则，有利于调动教师和学生两个方面的积极性，尤其要体现学生在教学过程中的主体地位和教师在教学过程中的主导作用。在充分利用现代信息技术的同时，要合理继承传统教学模式中的优秀部分，发挥传统课堂教学的优势。

《课程要求》还进一步指出，改革传统的教学模式，实施新型教学模式的目的之一是促进学生个性化学习方法的形成和学生自主学习能力的发展。新教学模式应能使学生选择适合自己需要的材料和方法进行学习，获得学习策略的指导，逐步提高其自主学习能力。因此，教学模式的改变不仅是教学方法和教学手段的变化，而且是教学理念的转变，是实现从以教师为中心、单纯传授语言知识和技能的教学思想和实践，向以学生为中心，既传授语言知识与技能，更注重培养语言实际应用能力和自主学习能力的教学思想和实践的转变，也是向以培养学生终身学习能力为导向的终身教育的转变。

由于计算机、多媒体和互联网的普及，可获得的教学资源越来越丰富，现代信息技术应用在教育和教学领域的重要性日益为人们所认识。目前，随着多媒体和互联网技术的迅猛发展，建构主义的学习理论与教学理论在西方日渐风行。建构主义学习理论主张以学生为中心，强调学生是信息加工的主体，是知识意义的主动建构者；认为知识不是由教师灌输的，而是由学习者在一定的情境下通过协作、讨论、交流、互助等学习方式，并借助必要的信息资源由学习者主动建构的。在建构主义学习环境下，"探索式""发现式"与"合作式"的学习过程是学生掌握学科内容的基本途径，也是以学生为中心教学模式中的基本教学形式。

随着计算机、多媒体和互联网等现代信息技术教育应用的飞速发展，建构主义学习理论正越来越显示出其强大的生命力，并在世界范围内日益扩大其影响。建构主义之所以能得到迅速推广，主要是因为计算机、多媒体和网络技术等现代信息技术为建构主义学习环境的实现提供了最理想的条件；而建构主义学习理论与教学理论则为多媒体和互联网在教学中的广泛应用，以及以学生为中心的教学模式的推广，提供了坚实的理论基础。在先进的建构主义教育理论的指导下，有利于实现信息技术与课程的整合，能够把以计算机及网络为核心的信息技术，作为教学环境的创设工具和促进学生学习的认知工具，应用到各学科的教学过程中。这就有利于将各种教学资源、教学要素和教学环节进行重新建构，相互融合，提高教学质量，促进传统教学方法的变革。

信息技术与课程整合是我国21世纪基础教育教学改革的一个新途径，与学科教学有着密切的联系和继承性，同时又是具有相对独立性特点的新型教学模式类型。信息技术与课程整合，不是把信息技术仅仅作为辅助"教"或辅助"学"的工具，而是强调要把信息技术作为促进学生自主学习的认知工具和情感激励工具，利用信息技术所提供的自主探索、多重交互、合作学习、资源共享等学习环境，把学生的主动性、积极性充分调动起来，使学生的创新思维与实践能力在整合过程中得到有效的锻炼，这正是培养创新人才所需要的。由此可见，信息技术与课程整合是改变传统教学模式、实施创新人才培养的一条有效途径，也是目前国际上基础教育改革的趋势与潮流。

目前，很多高校在大学英语教学中都非常注重学生自主学习能力的培养，重视大学英语第二课堂的建设。例如，清华大学、对外经贸大学、上海外贸大学等高校都在大学英语课堂教学的基础上，要求学生以自主学习的方式在语言实验室或通过自主学习的平台以及网络课程，扩充和强化课堂教学的内容。其中清华大学特别重视英语环境平台建设，针对学生的自主学习专门成立了英语学习网站、英语交流与写作辅导中心、英语学习策略咨询辅导中心、英语夏令营，这些都对培养学生的自主学习能力、拓宽知识面和个性化的学习创造了有利的条件。

第三节　大数据时代慕课对高校英语教学提出挑战

随着互联网和移动终端的普及，基于云计算、物联网、社交网络等的新兴服务促使人类社会的数据种类和规模正以前所未有的速度增长，大数据时代正式到来。大数据隐含着巨大的社会、经济、科研价值，是与自然资源、人力资源一样重要的战略资源，对大数据进行挖掘、分析和利用，在一定程度上改变了人们的学习方式和思维方式。慕课（massive open online courses，MOOCs）作为一种新型的教育模式，以大规模、开放、高质量、免费等特点在全球范围内迅速崛起，慕课正是大数据时代下信息技术在教育领域应用的实例，它的出现挑战了传统大学英语教学，为其教学方式的革新提供了新的机遇。

一、对传统教学模式的挑战

1. 自主学习方式的转变

传统大学英语教学模式中以课堂教学为主要教学形式，以教师为主导、以学生为主体，学生的自主学习方式有很大的局限性，课堂上老师为了完成教学任务和既定的教学目标很难给学生自主学习的机会，自主学习仅限于课外。建构主义教学理论强调学生的自主性学习和探究性学习，大学英语教学改革的内容中就包括注重发展学生的自主学习能力，据蒋燕等的调查最受欢迎的教学方式是"网络自主学习"加"教师课堂面授"的混合式教学模式。学生根据自己的兴趣和实际水平，科学合理地运用MOOCs网络平台，灵活安排学习时间与进度，选择适合自己的学习内容，通过独自分析、思考、实践、质疑等方法完成学习目标。这种网络教学模式以学生为中心，全面顾及学生的兴趣与个体差异，满足了个性化学习的需求，从而有效发挥了学生学习的主观能动性，提高了学习效率。

2. 互动学习方式的转变

传统课堂教学环境下，由于课堂时间有限，师生之间和学生之间的互动往往仅限于问答且不能随时提问，并得到及时的解答。MOOCs深度且大量的互动特点及强大的平台支持功能，例如，同伴互评、实时嵌入式窗口交流功能，学习者之间通过思考交流，开展协作式学习活动，促进文化资本的增值。即时互动则有利于记录人们转瞬即逝的灵感，并促进学生之间的思想碰撞，这种集体式、开放式、即时性的激发型互动学习能促进最终的集体增智。

二、对传统师生关系的挑战

慕课对制度化的教师和学生之间的关系提出了新的挑战。

①学校教师不是知识的唯一来源和权威。传统大学英语教学中，在学校制度下，教师凭借在学识上的绝对优势，可以决定教什么、怎么教，而学生处于被动地位，教师教什么就学什么，学生很少或基本上没有发言权，这种传统意义上的授课很难被现在的学生所接受。而在MOOCs环境下，学生获得这些资源的成本更低（多数慕课课程是免费的）、方式更便捷（只需接入互联网进行简单的注册）和选择更多（来自世界范围内名校名师的课程）。以Coursera为例，其提供各学科的大学课程，从人文到医学、生物学、社会科学、数学、商业学、计算机技术等学科。如果学生想了解计算机辅助翻译的相关理论和实践，可以关注来自北京大学的"计算机辅助翻译原理与实践课程"，该课程持续14周，每周3～4个学时，由一系列8～15分钟的短视频组成，视频之外会设置一些作业题，同时还设置了期末考试。这门课程主要讲授计算机辅助翻译技术的基础概念，学习多种计算机辅助翻译工具的使用方法，锻炼学生在技术环境下从事翻译工作等各类语言服务工作的能力，帮助学生理解信息化时代的语言服务工作。

②教师更注重自身综合素质的提高，以适应新角色的转变。慕课时代知识来源的多样化反过来促使大学英语教师及时更新知识结构，除了学习本学科知识之外还要学习教育信息技术方面的知识，具备驾驭"技术"上"教学设计与实施"的核心能力，改变教学理念，探索新的教学模式，从单纯的知识传授者变为导学者、助学者、促学者、评学者。

③学生主体意识增强，不再是知识的被动接受者。在慕课创造的自由学习环境下，学习者可以自主制订学习计划，什么时候学、学多少、学什么都由学习者自己做主，是实践中学习的真正主人。与传统课堂相比，慕课核心主题单一，内容短小精悍，有益于注意力的集中。学习者用自己的思维方式去理解，用自己的思考角度去认知，用自己的实际体验去探索，在释放主体空间的同时，学生发现了自己的存在，变被动为主动，有效促进了学习效率的提升和学习效果的提高。

三、对传统课程设置及评价手段的挑战

在我国，大学英语不是一个学科，而是一门为专业配套的公共基础课程。大学英语教

学经历了两轮改革,但是无论怎样改,社会和学生似乎对大学英语教学质量的满意度都没有明显提高。课程体系建设是大学英语教学改革的关键环节,是提高大学英语教学质量的主要手段。《课程要求》中规定"培养学生的英语综合应用能力,特别是听说能力,使他们在今后学习、工作和社会交往中能用英语有效地进行交际,同时增强其自主学习能力,提高综合文化素养,以适应我国社会发展和国际交流的需要"。但目前国内普通高等学校的大学英语课程定位和发展方向问题突出,不少学者对大学英语课程的定位提出疑问,要求对大学英语课程进行准确的定位。

1. 慕课是对现有课程内容偏人文轻工具的挑战

大学英语兼有工具性和人文性的课程性质成为其在大学开设的一个坚实依据,一味突出人文性难以体现英语课程本身设课的独特价值,最终可能导致英语课程的消亡。大学英语教育需要在国际化背景下强化其服务性和工具性功能。国内普通高校大学英语主要课程为综合英语和视听说课程,教材编写偏重人文性,内容题材多为散文、小说,而以增加专业知识、培养用英语进行专业交流的能力和培养人的学术素养为主的 ESP(English for specific purposes)课程在普通高校大学英语课程体系中却成了可有可无的存在。蔡基刚认为学术英语符合中国大学生的需求,不仅有助于培养在专业领域内具有国际竞争力的人才,而且是中国大学英语教学的发展方向。慕课平台所开创的 ESP 课程使学生的选择更加多样化,如 edX 平台上的"亚洲商务英语写作",该课程由香港科技大学 Sean McMinn 和 Delian Gaskell 共同开设,持续 7 周,每周 3~4 个课时,为在亚洲做贸易的非英语本族语者介绍有效培养英语写作能力和交流能力的方法,通过探索和参加亚洲贸易模拟,发展在中国及亚洲其他国家用英语进行有效的商业交流的技巧。

2. 慕课是大学英语后续课程的有益补充

国内普通高校大学英语课程一般开设四个学期,已不能满足大学生日益增长的各种英语学习需求和个性化学习的需要。根据蒋燕的一项调查,50%以上的学生认为有必要压缩大学英语通用英语课时,以开设大学英语后续课程。马武林的调查结果显示,60%以上的老师认为有必要在第三学期和第四学期开始 48~64 个课时的大学英语后续课程。为应对大学英语教学内容的改革,根据国家外语教育战略,结合社会对学生外语水平的需求,有必要开设相应的后续课程。慕课提供优势的教育教学资源是大学英语后续课程设置的有力保障。例如,想继续学习和提高英语学术写作能力,可登录 Coursera 平台参与杜克大学 Denis Comer 开设的"英语写作"获取专业知识。该课程持续 12 周,每周 6~8 个学时,内容包括批判性文献综述、学科专家形象说明、个案分析等,在明确的专业学科语境下学习怎样批判性地阅读,写出达到读者预期的文字。

3. 慕课是对传统课程评价手段的挑战

课程评价形式一般是形成性评价和终结性评价的结合。形成性评价主要是帮助学生发展,包括测试学生的学习能力、对所学内容的掌握情况和所取得的进步情况;终结性评价的目的是对学生所学的内容进行终结性判断，主要在于掌握学生已取得的成就、已达到的水平和在同伴中所处的位置。

大学英语课程的形成性评价或过程性评价主要是出勤、作业、课堂问答和随堂测验的表现情况，也就是所谓的平时成绩。但事实上以出勤等为主要内容的平时成绩考虑的还是期末考试的通过率，并不是学习能力和内容掌握的真实反映，再加上大学英语课堂人数多，过程性评价或形成性评价的质量并不高。终结性评价的主要形式是期末考试，基于网络的慕课平台，对学习者学习过程产生的数据信息进行实时记录，例如，学习时间间断、学习时长、在线提问、慕课社区讨论发言次数、随堂练习、测试完成情况，学生对学习内容和效果的反馈、结业考试情况进行完整的记录，并依靠平台的分析能力对学生的学习情况进行综合合理的评价。同时慕课中的同伴互评也是对传统评价手段的有益补充，是指在网络教学平台中，学生以教师的身份去评量同学作业的一种课程作业批阅方式。

慕课学习者众多，课程报名人数少则几百多则上万，人工批改作业和阅卷耗时耗力，而基于网络的慕课平台同伴互评、自评、作业批改和阅卷都省时省力并且也更科学高效。在同伴互评的过程中，学习者之间相互切磋、分享知识、互相借鉴，互通有无，推动学生在学中做、做中学的学习方式的转变。

大数据时代随着互联网技术的发展和移动终端的普及，人们的学习方式发生了革命性的变化，由传统的课堂学习发展到移动终端，如在手机、PAD上随时随地自主学习，使学习更加高效便捷。MOOCs的出现对传统的大学英语教学学习活动提出了新的挑战。

第四节　高校英语信息化教学现状

一、高校英语信息化教学调查研究

本节分别设计了大学英语信息化教学教师问卷和学生问卷。教师问卷侧重了解教师的信息化课堂教学能力和应用现状，学生问卷则侧重了解教师信息化教学的效果、学生基础知识和应用知识获取效果。通过调查问卷分析、教师与学生深度访谈和课堂随堂听课观察等方法，探讨在信息化教学背景下，教师教学和学生学习之间的相互映射关系。该研究所选的调查对象为某大学外语系的教师与学生，发放40份教师调查问卷，回收有效问卷40份；发放100份学生调查问卷，回收有效问卷86份，问卷回收有效率为86.0%。

1. 教师调查分析

本调查结果发现，大学英语教师总体上积极支持信息化教学，认可或者基本认可"信息化教学有助于增强英语课堂教学有效性与正向性"的教师占比90%，所有教师已经习惯实施信息化教学。认可"模拟工时场景，增加社会情景因素"的教师占比仅为30%，基本认可教师占比60%，由此可见，大学英语教师在备课方面并未主动增加工时场景。不认可与认可"重视提升大学英语信息化教学能力"的教师各占比40%，由此可见，大学英语教师缺乏足够的参与信息化教学研讨与培训机会，很难与英语信息化教学水平提升需求相满足。认可"主动思考优化英语信息化教学效果"的教师占比60%，说明大学英语教师有着薄弱的优化英语信息化教学意愿，也有的教师缺少优化激励措施。通过以上问卷调查发现，大学英语教师在信息化教学中的问题主要是信息化教学方法单一、工时场景获取渠道相对狭窄，两者所占比例在70%左右，由此可见，教师日常教学工作比较繁重，接触企业的机会并不多，很难在英语信息化教学中对学生工作场景进行有效设置，由此就导致英语信息化课程设置情景缺乏的问题。此外，英语教师所设置的课程教学内容对学生吸引力不足，造成学生在学习过程中缺乏互动性。

2.学生信息化教学调查分析

该调查设计了五个问题，选择统计学软件SPSS 18.0展开分析，设置不认可、基本认可以及认可三大选项，各选项分值分别为1分、3分以及5分。问题调查结果显示，大学生高度认可"提升学习兴趣有助于掌握学习内容"，分值是4分，由此可见，色彩+动画授课模式具有较强主观性，而且对学生的视觉刺激也比较强，极易引起其学习兴趣。"学生可主观了解工时场景"，分值是2.3分，可见大学英语情景化教学内容的缺乏。

二、高校英语信息化教学策略

所谓信息化教学，其实就是基于现代教育理论与思想，通过现代信息技术，优化教育过程，开发教育资源，对学生信息素养进行培养与提升。

①对大学英语信息化教学理论深入研究。信息化教学理论研究起步较早，而且研究内容也比较系统，所以，应该依照学生、专业以及社会需求进行英语信息化教学研究，创建针对性、层次性的信息化教学理论体系，以此不断提升大学英语信息化教学水平。

②增强大学英语信息化教学质量。学校应积极主动利用大学信息化教学研讨与培训等机会，同时选派英语专业的优秀教师到海外学习深造，积极掌握西方国家与我国信息化交流过程中的最新研究成果，为教师提供或者创造接触企业与实践的机会，确保英语教师对学生毕业后的工作实景与工作程序进行了解与掌握，搭建认知学生工作实践与理论知识的系统框架，对学生与教师的信息化素养进行培养，从而提升双方主体在信息化教学与学习中的信息化认识，进而提高教师与学生理解、接受英语信息化教学的能力。

③加快推进大学英语教学中对信息化技术的应用。积极鼓励大学教师在英语课堂教学过程中应用信息化技术，加强学生对英语课堂知识的理性认识和感性认识，从而使大学英语教学效果正向性得到不断增强，对大学英语信息化教学方式与模式给以积极创新，充分合理利用录像、多媒体以及动画等基于网络应用的信息化教学技术，主动探索与整合英语课程教学资源，创建统一英语学习知识库，便于学生随时随地温习知识与自主学习。

第三章　高校英语信息化教学研究背景

④加强大学英语信息化教学保障。在大学英语信息化教学中，应该充分利用当地互联网建设机遇，使大学英语信息化教学硬件保障水平与能力得到不断提升，全面创建英语信息化教学资源共享机制与科研教育互联网，便于大学教师能够及时获取所需互联网英语教学资源。除此之外，还应该创建英语信息化教学激励机制，将大学英语教师互联网云空间建设、教学竞技比赛等活动本身所具有的作用充分发挥出来，从而不断提升大学教师的英语信息化教学能力。

第四章 高校英语信息化教学模式研究

科学技术的迅猛发展推动人类社会全面地进入了信息化时代，而以计算机网络为核心的现代信息技术也已成为21世纪人类的基本生活环境。信息技术的不断成熟，一定程度上改变着人们的生活方式。计算机网络也正以前所未有的速度融入现代生活，我们应该抓住机遇，站在信息化社会的高度，用全新的观点和视野来重新审视我们的教育，并利用现代信息技术进行教育体制和教学模式的改革。本章将以信息技术的快速发展与高校英语教学改革为背景，探讨信息技术与高校英语教学的整合。

第一节 信息技术与高校英语教学设计的整合意义

信息技术对当今教育的推动作用无法估量，然而要使信息技术真正地推动高校英语教育、教学的发展，就必须与高校英语教学进行全面的有机整合，信息技术与教学整合，这种模式具有十分重要的意义。它可以改变人们的学习观念，预示未来教育的发展方向。

一、改变学习观念

信息技术的日新月异及与课程的整合正在深刻地影响和改变着各种学科的形态，预示了学科发展的未来。可以说，今后学生学习的主要途径不再只是依靠书本或教师的讲授，面对浩瀚的知识海洋和不断更新的网络信息，原先固定教师、固定班级、固定内容、固定进程、固定标准的单向的接受式的学习方式将被打破。取而代之的是一种全新的学习方式，在这样的学习方式中，学生以计算机和网络以及其他多媒体设备为中介，在自主选择、合理接受、科学加工、适时反馈的信息传输中轻松自如地完成富有个性化的、发现式的学习。这种发现式的学习方式将改变以课堂为中心、教师为中心和课本为中心的接受式学习格局，更多的是以自主学习、合作学习和探究学习为主的发现式学习格局而出现（陆宏等，2007）。显然，这种学习格局的变化与信息技术的发展有着直接的关系。

专家学者一致认为，信息技术是物化形态技术与智能形态技术的协同利用，具有智能化、数字化、网络化、个人化、多媒体化的特征。随着信息技术的广泛应用，知识密集、信息技术产品出现了更新换代、周期加快的现象。同时，新兴科学大量涌现，知识总量急剧膨胀。知识更新的过程也空前加快，出现了"知识爆炸"现象。据联合国教科文组织的统计，人类近 30 年来所积累的科学知识占有史以来积累的科学知识总量的 90%，而在此前的几千年中积累的科学知识只占 10%。英国技术预测专家马丁的测算结果也表明了同样的趋势：人类的知识在 19 世纪是每 50 年翻一番，20 世纪初是每 10 年翻一番，70 年代是每 5 年翻一番，而近 10 年大约每 3 年翻一番。据预测，到 2050 年左右，人类现在所掌握的知识届时将仅为知识总量的 1%，这就是说，走向信息化后的人类社会，将创造出 99% 以上的新知识。可见，信息和知识犹如产品一样频繁地更新换代。这种知识的极度膨胀和快速更新，不可避免地使我们的课程陷于尴尬的境地。一方面大量的新知识内容需要加入课程中去；另一方面课程内容过难使学生负担不断加重。众所周知，课程展开的时间是有限的，我们不可能无限延长学习者的学习时间，加之近代科学技术的飞速发展和知识信息的急剧增加，又使我们不得不面对现实的挑战。那么，如何才能找到应对的方法呢？最根本的出路在于变革，改变学习过程是一种单纯继承性的传统观点。课程应该在传授一些基础性知识的同时，注重创新和适应能力的培养，对受教育者来说，最重要的是学会学习，具备终身学习的能力，也就是具备自我更新知识结构的能力。对于知识的学习，强调的是让学生掌握认知的手段、方法，即学会自己去发现知识，自己去获取和更新知识，而不仅仅局限于学习知识本身。由于信息时代知识急剧增长，若是像传统教育那样，只强调知识本身的学习和掌握，那么学到的知识大部分会很快过时，无法适应现代社会发展的需要，只有让学生学会认知，即学会学习的方法，才能在步入社会以后，能够自我更新知识结构，通过自学继续学到工作所需要的各种新知识、新技能（陈坚林，1986）。

一般来说，传统性学习，通常是维持性学习和接受性学习，而信息化学习却是创新性学习和建构性学习。维持性学习是一种继承性学习，而创新性学习要处理好"学会"和"会学"的关系；接受性学习是一种以教师为中心的学习，学生是知识的被灌输者；而建构性学习是以学生为中心的学习，强调学习者是知识的主动建构者。信息化时代的学习是要从传统的维持性学习向创新性学习转变，从接受性学习方式走向建构性学习方式（范谊等，1998）。要达到这一目标，信息技术必须与课程及教学模式进行全面的整合，因为它预示着未来教育的发展方向。

二、预示未来教育的发展

一旦人们的学习观念发生了改变，自然也会对未来的教育有新的展望。实际上，世界各国在展望未来的教育时都主张把信息技术作为教育、教学改革的重要一环。例如，早在 1996 年美国就制订了《让美国学生为 21 世纪做好准备：迎接技术能力的挑战》的国家信息技术教育计划。这个计划展望了一个这样的未来：通过在中小学教学中有效地利用信息技术，为帮助下一代在校学生得到更好的教育做好准备，以适应新的全球经济发展的需要。

之后，美国教育部在咨询了社会各界人士及专家后，对国家信息技术教育计划进行了修改，提出了5个目标：①所有教师和学生都要使用信息网络技术；②所有教师都应运用技术帮助学生达到较高的学业标准；③所有的学生都要具备信息技术方面的知识与技能；④通过研究与评估，促进下一代技术在教学中的应用；⑤通过数字化的内容和网络的应用改革教学（蔡基刚，2006）。欧盟（1997）发布了《信息社会中的学习：欧洲教育创新行动规划》，新加坡（1996）与马来西亚（2000）也相继推出了全国教育信息化计划。我国政府也相当重视教育信息化工作并推出了一系列推进教育信息化和改革的政策措施。

2000年我国教育部召开了全国中小学信息技术教育工作会议，并做出决定：从2001年起用5～10年的时间，在全国中小学基本普及信息技术教育，以信息化带动教育的现代化，努力实现基础教育的跨越式发展。正是由于各国对此相当重视，对传统的教育体制及教学模式的改革正在世界范围内形成一种新的教育发展趋势。

在我国，运用信息网络技术对传统教育体制和教学模式的改革始于英语教学。如前所述，21世纪实际上是信息技术全面发展的时代，尤其是计算机与网络技术的发展极大地拓展了教育的时空界限，空前地提高了人们学习的兴趣、效率和能动性。就信息化时代的英语教学而言，传统的教学形式将很难适应时代发展的需要，必须有突破性的变革。这种教学的变革不仅仅是教学形式和学习方式的重大变化，更重要的是将对英语教学的理论、观念、模式、内容和方法产生深刻的影响，给英语教学赋予了更深刻的全新内涵。为此，我国政府颁布了一系列关于促进英语教育的方针和政策，其中最具影响力的如下：2001年1月教育部颁布了《关于积极推进小学开设英语课程的指导意见》，将英语义务教育的起点从初中一年级降低至小学三年级；同年8月教育部又颁发了《关于加强高等学校本科教学工作、提高教学质量的若干意见》，明确指出："本科教育要创造条件，使用英语等语种进行公共课和专业课教学，并力争3年内，使英语教学课程达到所开课程的5%～10%。"（陈坚林，2000）2002年12月，教育部高教司又颁发了《关于启动大学英语教学改革部分项目的通知》，指出："为进一步推动高校英语教学改革，不断提高高校英语教学质量，我司决定启动高校英语教学改革部分项目，主要包括制订《大学英语教学基本要求》和高校英语网络与多媒体教学体系建设。"根据这一文件要求，教育部先后10余次组织专家召开专门会议讨论、制订并颁布了《大学英语课程教学要求》（简称《课程要求》）。后来教育部又对《课程要求》进行了修改并颁布了2007年新版《课程要求》。尽管新版《课程要求》得到了补充和修改，但是它的主要内容未变。《课程要求》作为一个改革的纲领性文件，提出了一个全新的教学模式，即基于计算机和课堂英语教学模式，开始了全国规模的高校英语教学改革。

三、整合模式的研究背景

本研究的背景就是我国的高校英语教学改革，此次改革始于2002年，其规模之大、力度之强、影响之广在我国英语教学史上前所未有。高校英语教学改革的重要社会背景及其主要意义是本研究的基础。因此，有必要对此做一阐述性描述，以求厘清改革的来龙去脉。

高校英语教学改革与国家的总体发展（包括教育发展、经济增长、社会进步）不无关系，但是主要有以下几方面的背景因素。

1. 英语的国际地位

英语，作为国际通用语言，在国际政治、经济、文化、体育及其他信息交流中扮演着重要的角色。据相关统计，全世界1／5的人具有不同程度的英语交际能力，全世界2／3的科学家能读懂英文，全世界80％的电子信息用英文存储，全世界网站的78％为英语网站。英语的重要性还不仅仅限于日常的交流上，不少政治家把英语看作提升本国国际竞争力的重要手段。例如，日本原经济企划厅厅长官寺泽芳男就曾撰写过一本《不懂英语国家将亡》的书；日本原首相小渊惠三的个人咨询机构在2000年曾建议将英语作为日本的第一官方语言；韩国前总统金大中在一次新年电视讲话中忠告国人，如果不掌握网络通用语言，在国际竞争中将没有获胜的机会。由此可见，中国要跟上世界的发展步伐，进入国际大家庭，融入世界政治、经济、科技、文化、体育的全球化体系，较快地学习、掌握和赶超世界先进国家的科学技术，最为直接的方法就是要使我国的相关人员能够有较强的英语交际能力。据此，可以断言"英语教学不仅仅是一个简单的教学问题，而且已直接影响到我国科技、经济的发展，影响到我国改革开放质量的提高"（李荫华，2006）。

英语教学在我国经济、科技发展中究竟起何作用呢？以色列已故总理拉宾先主曾说："以色列改革开放具有一大优势，就是我们的英语较好。"本课题组以为拉宾先主的观点有一定的道理，若一个国家英语水平提高了，它能及时获取国外的科技信息，将其翻译成本国文字，最终转化为主产力。例如，日本英语的总体水平不如我们，但他们的阅读与写作能力较强，还有一支相当精干的翻译队伍，能及时把国外最新的科技信息翻译成日语，让国人知晓。日本作为第二次世界大战的战败国，经过40多年的努力又成了世界上最发达的国家之一，科技进步起了重要作用，其中也有英语教学对科技进步的贡献。然而，我国英语教学的滞后性与社会迅猛发展之间的矛盾越加显著，如不及时解决，将有碍于我国经济、科技发展。如组团出访时，阵容往往十分庞大，但能用英语自由交谈者为数不多，一般都依赖翻译才能开展活动，工作效率很低，若翻译不懂专业，译文偏差，谈判质量就受影响，甚至造成重大经济损失。正如李岚清副总理所说："我国由于语言普及不够，影响了对外交往的规模与效率，也吃了不少亏（钟启泉，1999）"。

随着全面对外开放，中国正大踏步地融入国际社会，在经济、科技等各个领域同世界交往更加频繁和密切。教育部高教司前司长张尧学（2003）在"211工程"高校的英语学院院长会议上曾指出："我国的进出口贸易现在一年有7000亿美元，仅出口就有3000亿美元。这在前20年是不敢想象的事。后20年谁能想象到我国出口量达多少亿？所以，我们同国际交往的步伐是非常快的。我们怎样对原来不适应时代步伐的东西进行改革,我们怎样培养适应时代需求的人才,这些人才需要什么样的英语技能?这都是我们要考虑的。迄今为止,英语教学取得了巨大成绩。但我们还要与时俱进,整个英语教学要与时俱进。"可见,"与时俱进"就意味着我们的英语教学或未来学生的英语能力应随着国家综合国力的提高而提高,以促进我国在国际上的竞争力。因此,英语在国际上的突出地位促使我们的高校英语教学必须进行改革。

2. 现行英语教学的弊端

就目前我国的英语教学而言,总体水平不高,而且长期以来存在"哑巴英语""费时多,收效小"的弊端。与亚洲一些国家(如印度、新加坡、巴基斯坦、菲律宾等)相比,中国学生的阅读能力应该说是不错的,但是我们的语言交际能力,尤其是听说能力相当落后。不少学生在各科考试中的成绩都相当不错,分数也很高,但是一旦与人交流却不能听也不能说。这种严重的高分低能现象表明我们的英语教学多年来培养的只是英语的应试者而不是英语的实际应用者。究其原因,英语学习的好坏与学习的条件和环境不无关系,换言之,语言学习的环境对学习者使用英语起着相当大的作用。正如蔡基刚教授(2006)所指出的那样:"为什么我国学生学了10余年的英语,'聋子英语''哑巴英语'现象还是比较普遍?原因就是受语言环境的限制:没有或很少有练习听力和口语的机会,没有或很少有使用所学到的语言的机会。"(束定芳,2004)

一般认为,中国学生的英语学习水平不如欧洲国家,也不如印度、巴基斯坦、新加坡、菲律宾等国家的人士,尤其是听和说的交际能力与他们相差甚远。其主要原因是,英语对这些国家来说基本上都是第二语言,而对我们来说却是地道的英语。那么,英语作为第二语言和作为英语在学习上究竟有何区别? Stern(1983)通过对世界各国英语学习者的广泛研究认为,把英语作为英语和作为第二语言在语言使用功能、语言掌握的方式和目的以及语言环境上有很大的区别,第二语言(简称"二语")和英语的区别至少说明了这样几个问题:首先是语言的环境问题,那些把英语作为二语的国家和地区,目的语的使用环境相当广泛,涉及社会的方方面面,如商业、教育、政治、文化、社交等,学习者能在真实语言环境中充分接触和使用语言,当然也就自然地学习了目的语。然而,英语学习者的语言环境主要是在课堂,如在中国英语学习者所接受的语言输入主要来自课本,一个学习者从小学开始使用的英语课本都是经过编写者的加工和教育部门的严格检查,其语言输入相当有限,而且都是些非真实(authentic)或非自然的语言。其次是学习动机问题,二语学习者要使自己融入社会并在激烈的竞争中适应工作、学习、生活的需求,自然会习得并掌握目的语。但是,英语学习者具有明显的功利性学习动机,尤其在我国,在校的英语学习者几乎都是为了通过某种考试,不讲究语言使用能力的提高,而是重视考试所需的语言材料。考试需要什么就学习什么。在学习方法上,因学习者的功利性动机,英语学习者较为注重语言知识的获得,而非语言交际能力的培养(徐明成,2008)。学校的英语教学也基本上都是围绕这些目标而展开，所以课堂教学基本上是重技能分析轻技能应用、重知识灌输轻能力培养、重考试要求轻全面发展。长此以往，我国学生怎能不变成语言应用能力低下的考试高手呢？

要解决语言学习的环境问题，单靠传统的课堂教学是远远不够的，因为课堂和现实社会使用语言的环境毕竟相差甚远，再怎么设计"角色扮演"的语言应用情景，也不可能达到预期的教学效果，不能从根本上创设一个理想的英语教学环境。因此，只有对英语教学进行重大的改革，借助当代信息技术，在计算机网络上创造出一个虚拟的语言环境，使以计算机网络为核心的信息技术与英语课程进行整合，着重研究信息技术与英语课程整合环境下的英语教学模式，才能真正地消除英语教学上的弊端。

3. 传统教学模式受到挑战

在我国的高校英语课堂中以教师为中心，教师讲课文、精解词汇和语法、组织操练、核对答案。几十年来，虽然这种"满堂灌"的教学方式忽视了学习者的主观能动性，但是我们的教师依靠个人的教学经验、人格魅力以及因材施教的小班教学方式，确实也培养了许多英语人才。但是，随着时代的发展，尤其是到了21世纪的今天，我们的教学环境与半个世纪前、与制定第一份《大学英语教学大纲》的20年前相比都发生了巨大的变化，这种教学模式势必会受到前所未有的挑战，主要表现在以下几个方面。

（1）传统模式不能有效地培养学生的英语综合应用能力。众所周知，传统教学模式的特点就是课堂教学以教师为中心，以"课本 + 粉笔 + 黑板"为工具，以帮助学习者在有限的课堂时间内获取和积累语言知识（主要是词汇与语法）为目的。这种教学模式以结构主义的语法翻译法为基础，通过精讲教科书中的核心范文向学习者输入某一阶段的语言形式（通常是词汇用法和语法规则等）。学习者通过教师的精解和自己的反复操练以形成正确的语言习惯（language habits）和语言行为（linguistic performance），这就是我国特有的"精耕细读"式的传统教学模式，故称为"精读课"。这样的传统精读模式必然会导致重教师讲解，轻学生参与；重语言现象，轻信息摄取；重语法细节，轻篇章整体；重语言知识灌输，轻语言技能运用；重阅读理解准确，轻语言交际能力培养。据赵晓红（1998）对上海交通大学8位不同年龄的教师课堂教学情况的调查，学生在一堂课（45分钟）上开口说话的时间加起来平均只有7.37分钟，而且一般仅限于教师和学生之间围绕课文内容、句型、词汇意义和语法知识的问答，是关于语言知识的，而非关于语言使用，是为了检查"装填"的效果，而不是调动学生的心智进行创造性的思考交流，这种活动"几乎没有交际性质"（郑树棠，1996）。虽然在我们的精读课中引进了诸如角色扮演、两人对话、小组讨论等交际活动，但都是可有可无的附属品，通常为了考试或多讲课文要点"只好牺牲耗时甚多、见效甚慢的口语练习"（范谊等，1998）。因此从某种意义上说，"哑巴英语""笼子英语"正是这种传统精读教学模式的产物。原因是，精读教学模式追求的是"精"析，是分析，而不是"读"（乐眉云，1995），是引导学生把英语当作一种语言体系来研究；而问题是孤立、精细的语言知识不可能转化为实用高效的语言运用能力。

（2）传统教学模式使教学质量下降。教学质量的下降主要与高校扩招的压力有关，因为高校扩招使原来班级规模急剧扩大。据蔡基刚（2006）的调查，大学生人数相对较少，英语班学生都稳定在班级35人左右，直到1998年刚恢复高考时，一般大学也只有40人左右这样的班级规模。自1998年起，教师还是能利用一定的时间组织教学，但之后的高校扩招使在校人数以每年8%的速度增长，2004年达到了420万人，是1998年的4倍之多。这样使原本就紧缺的师资队伍，更是捉襟见肘，班级规模也随之扩大。如邮电大学百人以上的英语大班就达35个，其中的大学英语综合课实行3个班级合并，人数接近150人，这样的班级有27个，占78%（王建新，2002）。同时，李爱华等（2002）对江苏、上海等省市的高校抽样调查发现，大多数高校的大学英语班级平均人数在70人左右。班级规模快速扩大，必然会使传统的精读教学模式难以适应，从而带来一系列的问题：首先，班级人数越多，师生的交流互动就越少。试想一下，一堂课45分钟，每人轮流讲几句，时间就差不多快用完了。这说明，班级规模过大，学生课堂实践机会相对减少许多。南开大学在对他们的教师调查中发现，85%的大学英语教师把学生听说能力差的原因归咎于课堂人数太多（庄智象，2004）。其次，班级规模过大使教学效率下降，同时还增加了课堂管理的难度。在一个80人左右的课堂，教师几乎不可能把学生的水平差异控制在他们能把握的范围内，教师能做的就是按照事先设计好的教案授课，"而班级规模越大，学生水平更为参差不齐，较差的学生由于跟不上教师的节奏、听不懂而索性缺课；水平较高的学生则嫌节奏太慢而上课干自己的事"（蔡基刚，2006）。因此，在这样人数众多的课堂讲课，教师不可能照顾到各种层次的学生，势必会降低教学的效果和效率，从而影响整体教学质量。

（3）传统教学模式不能适应社会和语言环境的变化。应该说传统教学模式除了受到班级规模的制约之外，还受其他社会和环境因素的影响。首先，学习的环境和手段在变化。在过去的几十年里，高校英语课堂围绕课本开展教学，偶尔也会听些录音。现在，随着信息技术的快速发展，学生获取知识和信息的渠道变得丰富起来，因而不再满足于英语学习就是围着课本转的传统方式。据上海交通大学的调查，83%的学生喜欢通过看电视、录像等来学习英语，学生已趋向于摒弃仅仅靠教材来学习英语的模式，转而采取从多种媒体和渠道接受输入。可见，传统的教学模式在计算机、网络等多媒体的冲击下，必然会失去原有的地位和优势。其次，学生的学习动机在变化。过去学生学习英语的主要目的是通过考试，获得文凭即可，因此学习相当被动，只要跟着课本学就足够了。现在情况就不一样了，学生学习英语不仅仅是为了一纸文凭，他们必须为今后的就业、出国留学、报考研究生等加大学习英语的力度，从而学习变得更为主动，并且对学习内容提出更多的个人要求，尤其是语言的综合运用能力方面，更是要求有显著的提高，课堂上只是教师讲学生听的模式无法满足学生的个人需求，这些都对传统的教学模式提出了挑战（马颖峰，2005）。由此可见，传统的教学模式很难应付这些变化。要改变这样的局面，满足社会和学生的新要求，教学模式的改变势在必行。

（4）教育资源的相对匮乏。我国是一个人口大国，教育的发展相对落后，据统计（吴丽兴，2001），我国接受高等教育的人口比例在世界上是最低的，大约为1.67%。印度和泰国为3%，韩国为12%，日本为21%，美国为32%。然而，我国自改革开放以来，经济得到了蓬勃的发展，尤其是国家提出要实现小康社会，50年基本实现国家现代化，我们的高等教育一定要跟上（周济，2002）。因此，国家要发展，高等教育一定要走大众化道路，高等院校扩大招生规模已成必然趋势。从1999年起，教育部开始实行高校扩招，以满足国民对高等教育日益高涨的需求。本科生人数从1999年起，每年以8%的速度扩招，到了2004年在校人数已达2000万。按教育部发展规划，至2020年在校人数将达4000万。然而与其他国家相比，我国的教育经费在世界上却是最少的。美国受教育人数3000万，教育经费是7000亿美元，相当于我国GDP总数的60%以上。我国只有10000多亿美元的GDP，而受教育人数达3亿多人，我们的教育经费只有3000多亿元人民币，也就是400亿美元。香港地区一个大学生的拨款是每年21.7万港元另加4万多港元学费。我们大学生拨款平均每年7000多元，还是国立学校（张尧学，2003）。大学扩招给原本就紧张的英语师资队伍带来了日益严重的压力，教学资源紧缺问题越来越突出。"用传统的教授方法，需要多少师资才能满足教学需要，完成教学任务；如何来保证教学的质量，这些都是必须要面对和思考的问题。在校学生数量不断增加是国家一定历史时期社会、经济发展的要求，也是高等教育大众化发展的必然趋势，但是我们的教师队伍不能以同等的速度无限制增长。"（吴启迪，2004）一方面招生规模扩大，另一方面教学资源又相当有限，我们的英语教学要在这样的困境中完成任务，只有走教学改革这条路，采用新的教学手段，挖掘现有潜力。现在最有效的方法，就是要借助计算机网络的超强功能（海量快速的储存、便捷正确的传输、广泛的网络共享等），解决教学资源紧缺的问题。上述4个方面促使我们必须进行大学英语教学改革，以求从改革中发现新的教学模式、方法和手段，提高英语人才培养的质量。

四、整合观念的研究要点

整合观念的研究要点与高校英语教学改革以及新模式的形成、发展与实施有关。众所周知，高校英语教学改革开始后，教育部先在180所高等院校试行新模式，此后缩减到60所试点院校，不久又缩减到31所试点院校，同时在其他非试点的各类高校中也开始试行新的教学模式（陈坚林，2006）。这些新模式的试点工作都在一定程度上取得了成效，积累了不少宝贵经验。但是，几年过去了，新模式的实践情况究竟如何？是否体现出新模式的优势达到预期效果？这些都是人们所要重点探讨和研究的问题，因为高校英语教学改革必须在不断的探讨和研究中得以完善和发展，使信息技术与英语教学尽快地整合起来并逐渐走向成熟。在进行高校英语教学改革的同时，本课题组因工作关系去过不少高校，从与部分教师和学生的交流中发现，在实施新模式的过程中他们在思想观念、教学组织上、现代信息技术的利用上以及对新模式的理解上都存在许多困惑，突出表现在以下四个方面。

①教学较为茫然。教师在日常的英语教学中感到非常盲目（doing the teaching blindly），一般是给什么教材就讲什么教材，而且是"以前教师怎么教我的，我现在就怎么教学生"（I teach in the way I was taught），缺乏必要的系统培训。

②教材的利用率不高。现在学校使用的高校英语教材都称为"立体式"教材，但就是缺乏立体式的使用方法。可以说，多数教师都使用传统的方法讲授新教材，从而教材中的许多特色得不到有效的开发和利用，影响了教学新模式的有效实施。

③教师观念转变滞后。教师在如何正确利用现代信息技术的观念上显得相当滞后，可以说许多现代化设备充其量只是作为一个大"录音机"在使用，仅上些听力课而已，计算机网络在教学上的功能与作用根本就未得到充分发挥。当然，教师也很认可先进的教学理念。如"以学生为中心""学生能主动建构知识"等，但在具体的教学实践中，又显得十分困惑，始终走不出传统的以教师为中心的教学框架。

④学生课外自主学习较难。按照新模式的要求，学生必须进行一定课时的在线自主学习。但实际情况是学生在线的自主学习效果很差，原因是课堂教学内容和网络学习内容一模一样，学生很难有兴趣在网上进行重复学习。

此外，多数学校在网上供学生进行自主学习的内容除了课本外很少提供其他方面的学习资源（徐明成，2008）。上述问题的存在必然会阻碍高校英语教学改革的发展和新模式的有效实施。自从计算机网络进入英语教学模式后，传统的英语教学环境被打破，出现许多变化和失调现象。如何使失衡的教学环境重新走向平衡，使新模式和现有的计算机网络教学系统协调发展，对这些问题进行研究，并探讨出较为有效的解决方案，就显得相当重要，且具有现实意义和实践参考价值。

第二节　现代信息技术下高校英语教学模式的理论框架

现代信息技术下的新型大学英语教学模式理论框架整合了多模态、多媒体、多环境理论、计算机技术与英语课程生态化整合理念以及建构主义等教学理念，以环境的创设和教学结构的改变为主要特征，以多模态体验和模态转化学习为实际操作的着力点。与以往单纯以建构主义理论和计算机辅助语言学习理论为基础的理论框架相比，该模式的框架更加系统、细致，对实际教学模式的设计更具指导意义。自2003年大学英语教学改革启动伊始，学界对于大学英语教学模式改革的探索便全面展开。2012年9月26—28日，2012年教育部高等学校大学英语青年骨干教师高级研修班第三期以"构建多模态、多媒体、多环境的集成型大学英语教学模式"（祝智庭，2002）为主题，于北京交通大学隆重举办，标志着这种探索进入了一个新高潮。研修班期间，中国社会科学院顾曰国教授、上海外国语大学本课题组、北京交通大学司显柱教授分别做了题为"多模态、多媒体、多环境下大学英语学与教：理论与实践""信息技术与英语课程的生态化整合"以及"建构主义与大学英语教学模式创新"的专题报告，提出或引导多模态、多媒体、多环境理论，计算机技术与英语课程生态化整合等教学理念。

我们认为，三位教授独创或倡导的理论和理念可以整合为一个统一的理论框架，共同支撑新型大学英语教学模式。与以往研究中仅以建构主义和计算机辅助语言教学理论构成的理论框架相比，由这三种理论成分共同构成的理论框架更为系统、细致，因此以其为基础建立的教学模式更具可操作性和可证伪性。下面将对组成该理论框架的三个理论成分进行简单介绍，并对整合而成的新型大学英语教学模式理论框架进行阐释，尤其对其优势进行论证，对实践中可能出现的问题进行讨论，再次指出该理论框架的意义和重要性。

一、新型高校英语教学模式理论框架的成分

1. 多模态、多媒体、多环境理论

顾曰国教授在专题报告"多模态、多媒体、多环境下大学英语学与教：理论与实践"和以往研究中，对这"多模态""多媒体""多环境"三个基本概念进行了界定，对多模态、多媒体、多环境下的学习行为进行了剖析。

（1）多模态。简言之，模态是人类通过感官跟外部环境之间的互动方式。这里的感官不但包括广为人知的视觉、听觉、嗅觉、触觉、味觉，还包括医学上新发现的平衡感、距离感等。多模态指用三种或三种以上感官互动。互动过程中，人类可以将来自多模态的信息打包捆绑成整个的体验。模态越多，人类所获得的信息和体验就越充盈（赵建华，2006）。例如，如果亲口品尝到北京烤鸭，至少涉及视觉、嗅觉、触觉和味觉，而如果只看到北京烤鸭的图片，那就只涉及视觉，因而前者的信息和体验比后者更为充盈。另外，顾曰国教授（2007）把输入和产出之间发生模态变化的学习行为称为"模态转换学习过程"。例如，让学生把读到的内容复述出来，就是一种模态转换学习。而如果只让学生理解所读到的内容，则是同模态学习过程。顾曰国教授（2007）提出，恰当的模态转换可以增强学习者对所学内容的内化度，提高内容记忆的持久度。换句话说，越充盈的体验、越丰富的模态转化，对学生的学习越有利。

（2）多媒体。要理解多媒体的概念，首先要区分物理媒介和逻辑媒介。物理媒介是指装载内容或信息的物理介质，如纸张、磁带、光盘等。逻辑媒介是指在物理媒介上装载内容或信息的编码手段，如文字、模拟音频流、数字音频流、图像及视频流等。而界定某内容是否为多媒体材料，是以逻辑媒介为划分标准的。使用三种或三种以上逻辑媒介的，就是多媒体内容（马颖峰，1995）。在这个定义下，文字材料印在纸介上是单媒体材料，声

音录制在磁带上也是单媒体材料。但如果一张光盘上有文字、图片、音频流、视频流，那么即使装载内容的物理媒介只有光盘一种，这里的内容也是多媒体内容。显然，与单媒体材料相比，多媒体材料更有可能触发多模态的体验。这也是多模态学习和多媒体学习经常交织在一起的原因。

（3）多环境。学习环境可分成不同的类型。例如，对于在校学生而言，有教室、图书馆、自习室等物理环境，有包括课程设置、课程设计理念、教师教学模式等在内的学术环境，有由学生处、教务处等构成的管理环境，有通过计算机广域网构成的虚拟教学环境等。环境向学生同时提供机遇和框定，如图书馆向学生提供博览群书的机遇，同时也框定学生在馆内的行为以及博览群书的极限。再如，教师的知识面等构成对学生的框定，而针对学习任务采取行之有效的教学手段又可为学生提供机遇。学习可以说无处不在，发生于多种混合环境中。各环境因素都提供框定和机遇，从而左右学习效果。如此，大学英语教师在教学设计中应尽量为学生创造可以获得充盈体验、进行模态转化学习的环境，并充分考虑多种环境因素，特别是多种环境下的学习集成型模式（施良方等，1999）。

2. 信息技术与英语课程的生态化整合理念

本课题组在"信息技术与英语课程的生态化整合"专题报告及系列论文中指出，近年来英语教学研究对于信息技术非常重视。整个英语教学研究范式已由"理论、方法到课程或教材"转变成"从理论、方法、技术到课程或教材"。在这种情况下，厘清计算机等现代教育技术与英语教学的关系问题尤为重要。

关于两者的关系，目前广为接受的看法是将计算机视为辅助语言学习的工具。但是这种观念存在很大不足。计算机作为辅助工具应用于教学，具有四个特点，分别是：①计算机仅充当辅助教师的演示工具；②教学内容基本与课本一致；③学生仍被视为被灌输知识的对象；④未改变以教师为中心的教学结构（陈坚林，2006）。以上四个特点严重限制了计算机本可以发挥的作用。上述问题的根源在于将计算机定位为"辅助"工具，而不是英语学习的有机组成部分。因此，要充分利用计算机等现代教育技术，就必须将其视为与书本一样的语言教学必备元素。正如没有"书本辅助语言学习"这种提法，计算机辅助教学的提法也应随着计算机在英语教学中的常态化而逐步废弃。

计算机成为语言教学必备元素的方式就是通过信息技术与英语课程的生态化整合。根据美国教育技术CEO论坛2000年度报告，信息技术与各学科课程相整合的内涵在于创设生动的数字化学习环境。强调数字化学习环境的创设也是整合与辅助最大的区别。本课题组进一步提出，信息技术与课程的生态化整合实际上就是通过信息技术有效地融合于各学科的教学过程来营造一种信息化教学环境，实现一种既能发挥教师主导作用又能充分体现学生的主体地位，以"自主、个性、探究、合作"为特征的教与学的方式，从而把学生的主动性、积极性、创造性较充分地发挥出来，促使传统的以教师为中心的课堂教学结构发生根本性变革，形成"主体导向"的教学结构。因此，整合的内涵可概括为三条：①营造信息化教学环境；②实现新型教与学的方式；③变革传统教学结构（钟志贤，2006）。

3. 基于建构主义的教学理念

根据以往研究，基于建构主义的教学理念与基于客观主义哲学观的传统教学理念相对立。两者在知识观、学习观、教学观、评价观、教师和学生角色、目标倾向、价值取向、信息技术应用、教学设计等方面截然不同。

简而言之，传统教学理念以客观主义哲学为基础，认为知识是客观、稳定、非情景化、抽象的存在，是对客观世界的表征。因此，知识外在于学习者，可以传递，而教与学就是知识传递的过程。这种教学理念重知轻行，片面强调系统掌握各学科的理论知识，因此教出来的学生缺乏必要的专业实践能力或动手操作能力，只能获得低阶的、没有深入理解也无法运用的知识。在这种教学模式下，教师被视为知识的化身、讲坛上的圣人。学生则是被动的接受者、等待被灌输知识的容器。因此，传统教学模式普遍采用注入式、填鸭式的授课方式（尚玉昌，2003）。教学组织形式和方法不够灵活，学生的学习方式仍然是机械地接受知识，学校的培养方式也是统一的培养模式，没有根据学生的不同来制定个性化的教学设计和教学模式。

建构主义教学理念的哲学基础则是由维柯、杜威、维果斯基、皮亚杰等哲学家发展的建构主义。建构主义认为，与其说知识是名词，不如说它是动词。知识是一个不断认知、体验和构建的过程。知识不是对外部世界的表征，而是由个人创造出来，用来理解亲身经历、构造意义的。学习的过程就是知识构建的过程，是在一定情况下，针对无法满足需求的知识进行质疑、探求、构建和协商的过程。教学就是创设有助于意义建构的学习环境，创设有助于交流协商的学习共同体。与传统理念的重知轻行不同，建构主义教学理论提倡知行合一，其目标是令学生获得高阶知识，促进学生实践能力的发展。在建构主义教学模式下，师生是双主体和互动对话的关系。建构主义教学理念倾向的技术应用观是"用技术学习"，主张把信息技术作为学习工具（束定芳，2004）。它克服单一的以讲授为主的班级形式，超越传统的"讲中学""坐中学"，而是走向"例中学""做中学""探中学"和"评中学"，最大限度地丰富学习资源、时空、方式和体验，以提高教学成效。

二、新型高校英语教学模式理论框架

纵览三种教学理念可以发现，它们共同强调两个核心要素，以及学习环境的创设和教学结构的转变；同时，它们互相依托、互相补充。这是三个理论成分得以整合成为一个理论框架的基础。

（1）学习环境的创设。多模态、多媒体、多环境理论中，强调创设更能让学生获得多模态充盈体验以及进行模态转化学习的环境；信息技术与英语课程生态化整合理念强调创设生动的数字化学习环境；建构主义的教学理念强调创设有助于交流协商、意义建构的环境。这三种环境实际上彼此相容，甚至通过彼此来实现。首先，如顾曰国教授所指出的，当今教学实践中，多模态学习经常依靠多媒体学习来实现，而数字化环境是多媒体学习的必要条件。其次，与计算学理论构成的理论框架相比，本研究提出的理论框架的最大优势在于更为系统、细致，因此以其作为基础建立的教学模式更具可操作性，在教学设计中更容易实现。

但是在以此理论框架为指导建立具体教学模式的过程中，容易出现一些问题。首先是在教学模式设计中，教师、学生、计算机之间的互动往往不够。某些网络教学内容仅是课本的翻版，而不是让每个学生都真正成为参与者和贡献者。此外，部分学校的技术环境仍有欠缺，也是教师、学生、计算机之间充分互动的一大障碍。另外，在这样的教学模式下，计算机和网络成为与书本一样的教学必需品，如何保障硬件软件条件、维持系统良性运转也是不得不考虑的问题。最后，是教师的角色问题。计算机技术的广泛应用并不代表教师作用的淡化。事实上，在本研究提出的理论框架中，教师仍是学习共同体中的重要一员，而不仅仅是计算机开启者和网络维护者。过分地依赖机器，教学就流于一种技术的展示。当然，这些问题在单纯以建构主义理论或（和）计算机辅助语言学习理论为基础建立的理论框架下也同样容易出现。如何在教学模式设计实践中，真正践行某种理论框架，是所有大学英语教学单位需要花费大量脑力、精力甚至是财力才能解决的问题（徐明成，2008）。

以信息技术为基础，对大量音频、视频资源进行有效的收集、处理、整合、存储、传输和应用的数字化环境，几乎可以自然而然地触发多模态学习，即数字化环境在某种程度上成为多模态学习的充分条件。另外，鉴于在建构主义视域下，知识作为个人经验的合理化以及个体与他人经过协商后达成一致的社会建构，主要是通过互动来搭建，借助计算机和网络技术使教师和学生、学生与学生之间的联系显著加强的数字化学习环境正是有助于交流协商、有助于意义建构的环境（祝智庭，2002）。

（2）教学结构的转变。传统教学理念和模式中，教师是主动的传授者，学生是被动的接受者。而在建构主义教学理念下，学生与教师同样具有主体地位；在计算机与英语课程生态化整合理念中，学生是主体，教师是主导；在多模态、多媒体、多环境理论中，教师的主要作用在于创设环境以帮助学生获得充盈体验并进行多模态学习，实际上也暗示了学生为主体、教师为引导者的观念。三种理念的共同点是都赋予了学生毫无疑问的主体地位。另外，生态化整合理念和多模态、多媒体、多环境理论，都将以计算机和网络为主体的信息技术视为除了教师和学生之外的教学结构组成要素。

（3）这三种理念本身具有相互依托、相互补充的关系。建构主义的知识观和学习观是多模态、多媒体、多环境理论和生态化整合理念的哲学基础。反过来，多模态、多媒体、多环境理论和生态化整合理念是在现代教育技术飞速发展的氛围下对建构主义教学理念的一种细化。另外，生态化整合理念和多模态、多媒体、多环境也具有同样的基础和细化关系：生态化整合理念提升了计算机技术在英语课程中的作用，从而扩大了多模态、多媒体、多环境学习在英语学习中的比例；而多模态、多媒体、多环境学习理论，特别是模态转化学习假说，则给出了在数字化环境下教与学的一个可能方向（吴林富，2006）。

在此基础上，可以勾勒出现代信息技术的新型大学英语教学模式。此新型教学模式的最大特点在于环境的创设和教学结构的改变。这里的环境指的是可以触发模态转换学习的数字化环境，这也是有利于意义构建的环境。教学结构的改变则体现在新型学习共同体的建立上。在该新型共同体中，教师、学生、计算机具有同样重要的地位，且任意两者之间都可以进行互动。学生可以在互动中获得充盈体验进行模态转换学习。

教育部高等教育司刘贵芹副司长（2012）在"2012年教育部高等学校大学英语青年骨干教师高级研修班"上总结了近年来大学英语教学改革中仍然存在的问题，其中一个便是部分学校仍然停留在以教师讲授为主的单一教学模式上，大学生学习的积极性、主动性、创造性没有被调动起来。刘副司长提出，创新大学英语教学模式是未来大学英语改革的突破口，是提高教学质量、增强大学生英语综合能力的关键所在。而大学英语教学模式的创新，要有合适的理论框架指导。本研究试图提出这样一个理论框架：它整合了多模态、多媒体、多环境理论、计算机技术与英语课程生态化整合理念以及建构主义的教学理念，以环境的创设和教学结构的改变为主要特征，以多模态体验和模态转化学习为实际操作的着力点。该框架具有深层哲学基础和可证伪层面上的假说，既充分考虑以信息技术为代表的现代教育技术飞速发展的大形势，又具备系统性和细致性，可真正指导教学模式的构建（庄智象，2004）。当然，本研究期待着更进一步的实际操作验证，以便不断完善与发展。

第三节　高校英语信息化教学模式的构建路径

在科学技术高度发展的今天，由于信息技术尤其是计算机三大关键技术（人工智能技术、数字化技术、信息和网络技术）的发展，可以说在英语教学上计算机有了主导教学的可能和条件。换言之，网络媒体支持由"情境""协作""会话"和"意义建构"所形成的学习环境，使学习者知识的获得并非完全通过教师传授，而是学习者在一定的情境即社会文化背景下，从不同层面、角度出发，借助原有的经验、认知结构主动接受和选择加工外来信息，并借助其他人（包括教师、学习同伴、网络交流者等），利用所能获得的学习资源（包括文字材料、影音资料、视听媒体、多媒体课件、计算机教学软件、网络上人与人的交流）以及从互联网上文献检索获取的信息通过与老师、学习同伴等的交流、协作，最终以意义建构的方式来获得。由此，建构主义理论的核心是以学生为中心，强调学生对知识的主动探索、主动发现和对所学知识意义的主动建构。情境、协作、会话和意义建构是建构主义学习环境的四大要素。情境是学习者进行学习活动的社会文化背景，学习者在真实的情境下，借助社会性的交互作用和利用获得的学习资源，可积极、有效地建构知识。

协作是学习者在学习过程中,利用已有经验的基础,在特定的情境下,以特殊的方式建构,并强调学习者与教师、学习同伴、网络交流者等的相互作用。会话是协作过程中通过人人、人机交互,使每个参与者的思维成果(智慧)为整个学习群体所共享,以实现意义建构。意义建构是整个学习过程的最终目标,所要建构的意义在于事物的性质、规律以及事物之间的内在联系。建构主义学习理论的基本特征是"学习的自主性、情境性和社会性"(张正东,1999)。

一、建构主义指导下的信息化教学模式的设计原则

基于对建构主义学习理论内涵的认识,建构主义指导下的信息化教学模式设计思路可概括为:在整个教与学的过程中,强调以学习者为中心,利用情境、协作、会话和资源等学习环境要素,通过对学习者的知识、认知特征和背景的分析,设计适应学习者的学习资源、学习策略、认知工具;并通过教师和学习伙伴的帮助,充分发挥学习者的主动性、责任感和创新精神,实现对当前所学知识的意义建构。在这种模式下,学习者是知识意义的主动建构者;教师是教学过程的组织者、指导者,意义建构的帮助者、促进者;教材等教学资源是学习者主动建构意义的对象;视听媒体是用来创设情境进行协作学习和会话交流,即作为学生主动学习、协作探索的认知工具。因此,构建信息化教学模式应遵循以下设计原则。

①自主性原则。学习是学习者建构自己知识结构的过程,这就意味着学习者不是被动地接受来自外界的刺激,也不是把知识机械地从外界搬到记忆中,而是在原有经验的基础上,主动地对外部信息进行选择与加工,通过新旧知识经验间反复、双向的互动作用过程来获取、建构新知识的过程(马颖峰,2005)。也就是说,无论是语言知识还是语言技能,都要靠学生自己主动去学、去练,这样才能有长进,教师的作用只能是主导而不能包办代替(陈坚林,2000)。因此,学习者要通过学习策略训练,培养自身的自主学习能力,在教师、学习同伴等的帮助下实现知识意义的主动建构。

②真实情境创设原则。建构主义认为,学习是一个积极主动的、与情境联系紧密的自主操作活动。在这个过程中,知识、内容、能力等不能被训练或被吸收,而只能被建构(尚玉昌,2003)。由此,情境学习的建构总是以学习者已有的知识结构为基础,有选择地知觉外在信息,根据具体实例的变异性建构当前事物的意义,即情境学习借助获得的学习资源,把所学的知识与一定的真实任务和情境挂钩,倡导合作学习,解决实际问题。情境教学具有以下特点:首先,学习的任务情境应与现实情境相类似,以解决学习者在现实生活中遇到的问题为目标;其次,教学过程应与现实中问题解决过程相类似;最后,科学科目的教学应创设有丰富资源的学习情境,其中应包含许多不同情境的实例和有关信息,以便学习者根据自己的兴趣、爱好去主动发现、主动探索,从而实现学习者的认知灵活性,形成对知识的多角度理解,把知识学习与具体情境联系起来(张筱兰,2004)。通过多次进

入重新安排的情境，使学习者形成背景性经验，从而掌握知识的复杂性及相关性，在情境中形成知识意义的多方面建构。

③社会性原则。建构主义认为，学习者与周围环境的相互作用对知识意义的建构起着关键作用。知识不是抽象的，而是与学习的情境、学习者带入这一情境的经验及周围环境有密切关系的。知识的复杂性使学习者不可能对知识有全面的理解；同时，由于情境中问题的艰巨性，学习者也不可能完全独立解决。学习者主动从不同背景、角度出发，在教师或他人的协助下，通过独特的信息加工活动（争辩、讨论和提供证据）实现知识意义的重新建构，从而使面对面的或通过多媒体网络进行的"协作学习"成为必然。学习者与周围环境的交互作用，促使学习者对知识的理解将更加丰富和全面（对知识意义的建构），认知水平也随之得到提升。因此，体现学习社会性的"协作学习"是整个学习群体共同完成对所学知识的社会性建构。

二、信息技术为建构主义理论提供技术支持

信息技术的发展和应用为建构主义学习理论提供了技术层面的有力支持，促进了教学观念的根本性变革。自主学习理念的应用有效地克服了传统教学中的种种弊端，提高了学习者的认知能力、分析和解决问题的能力，使大学生的素质教育和创新教育落到了实处，为建构主义学习理论的应用奠定了基础。

（1）超媒体（hyper media）与"自主学习"。认知心理学的研究表明，人类思维具有联想特征，经常从一个概念或主题转移到另一个相关概念或主题。超媒体是按人脑联想思维方式非线性组织管理的一种先进技术。它按照人脑联想思维方式，将文、图、声、像等不同媒体信息相整合，将讲解、演示、测验等不同教学内容相整合，将预备知识、当前知识与扩展知识相整合，构成了一个丰富而生动的超媒体学习环境。这和人类思维的联想特征相吻合，从而实现对教学信息最有效的组织与管理，使学习者的自由联想能力得到发挥，促进创造能力的培养。同时，教学信息的非线性使学习者可以根据自己的实际情况通过联想，自由选择不同的路径，进入不同的链接点，从一个主题跳转到另一个主题，即从一个链接点跳转到另一个链接点，灵活地浏览各节点的内容（包括文本、声音、图形、图像、动画等）为自主学习奠定了基础。多媒体技术的交互功能提供了图、文、声并茂的多重感官综合刺激，使学习者可以依据自己原有的认知结构、认知水平和兴趣，自由选择、自主控制学习内容及其呈现方式。

（2）虚拟现实技术与"情境学习"。虚拟现实是计算机与用户之间的一种更为理想化的人机界面，人可与计算机生成虚拟现实环境进行交互，与传统计算机相比，虚拟现实系统具有三个重要特征：临境性、交互性、想象性。在现代教育技术环境中，虚拟现实技术应用图形、声音和图像再造构建出逼真的课堂教学情境，将学生置身其中，以求获得最佳的教学效果（施良方、崔允漷，1999）。人与计算机生成虚拟现实环境的交互，在虚拟现

实技术"构建"的交互性课堂中,教师和学生可以是真实的或虚拟的,学习者可以是一个或多个,教学模式可以多样化,教学方法的可选择性使教学进度可由多方控制。在教学过程中,学习者和教师同是教学的设计者和控制者,克服了传统班级授课限制学生主动性和独立性的缺点,确保了师生双方的作用得到充分发挥。虚拟现实技术创造和展示各种趋于现实的学习情境,把抽象的学习与现实生活融合在一起,有效地激发了学生的思维,使学习者以丰富的想象力实现知识意义上的建构。

(3)多媒体通信网络技术与"协作学习"。计算机通信网络与多媒体技术融合而成的多媒体计算机通信网络是计算机网络和多媒体技术发展的必然趋势,它兼收并蓄计算机的交互性、多媒体的复合性、通信的分布性及电视的真实性等优点。在网络学习环境中,学习者既可实现信息资源共享,也可实现利用网络介质进行信息交流,打破了地域和时间上的限制,学习者自主地选择学习内容、学习方法、学习时间、学习地点、学习条件,改变了被动的、被支配的、受监控的地位(徐明成,2008)。网络资源共享使学习者获取学习信息的资源极大丰富,帮助了不同层面的学习者获取平等受教育和平等竞争的权利,为面向民众的全面素质教育的实施和语言文化交流的国际化奠定了基础。网络教学中的"协作学习""小组讨论""在线交流"等学习策略使师生之间、学习者之间通过交流信息实现情感互动。换言之,网络中的"协作学习"对高级认知能力的发展、合作精神的培养和良好人际关系的形成等具有明显的支持作用。

三、高校英语信息化教学模式的构建

基于以上分析,信息化教学的某些特征为建构主义学习理论提供了技术层面的支持,其学习环境与建构主义学习理论所主张的学习环境一致,体现了学习的自主性、情境性和社会性。因此,用建构主义指导信息化教学不仅必要而且可行。大学英语信息化教学模式可按教学目标、情境创设、自主学习、协作学习、意义建构五个关键环节进行教学设计。

(1)教学目标。本环节主要负责分析教学目标,确定学习内容,提出本课或本单元要达到的教学目标,以确定当前所学知识的"主题",并以此组织教学。大学英语是一门语言实践课,从语言发展的内在规律来看,听、说、读、写、译五项语言基本技能是紧密相连的。听、读过程是学习者自外而内获取语言知识,即输入过程;而说、写、译则是学习者将所学知识自内而外的再现过程,即输出过程。因此,学习者要根据自己的实际情况构思完成教学目标的方法与手段,通过学习操作实践去实现教学目标。教师提出的教学目标的难度应以大多数学习者能通过为宜,并应具有层次性,以适应不同程度的学习者。教师通常还应指导学习者将一些大的任务分解为几个小目标,以便学习者分步进行学习研究(Brooks,1964)。

(2)情境创设。建构主义认为,学习总是与一定的社会文化背景即"情境"相联系的,在实际情境下进行学习,可以使学习者能利用自己原有认知结构中的有关经验去同化和索引当前学习到的新知识,从而赋予新知识以某种意义。如果原有经验不能同化新知以,则要引起"顺应"过程,即对原有认知结构进行改造与重组。总之,通过"同化"与"顺应"能达到对新知识意义的建构。学习个体不同,认知特点也会不同。教师要帮助学习者分析自身的知觉、记忆、思维以及动机、经验、情感等因素,找到学习内容与自身认知结构的结合点,用最符合学习者认知心理的外部刺激去促进他们对新知识的同化和顺应,完成知识意义的建构,并把其智力引向更高的水平。目前我国已拥有卫星网、DDN 专网、IP 宽带网和有线电视网等天地合一、多网集成的信息传输运行平台。可通过实时模拟、双向答疑、视/音频文字一体的多媒体、BBS 讨论区、教学内容的网上交流等多种途径,实施教学计划指导下的非实时自主学习,以调动学习者的所有感官和过去的经验去探索与解决问题,使其对知识掌握得更加透彻、更加形象,有效地促进其朝着个性化学习、自主式学习方向发展,使学习者在因材施教、个性化发展的过程中完成提高语言水平的实践。因此,创设从不同侧面、不同角度表征知识的多样化情境,可为学习者的探索提供多条路径,使其可随机进入任意学习情境,实现知识的正迁移。

(3)自主学习。当代英语学习理论强调,学习者在学习过程中起决定作用,其意义在于促进学习者的全面发展和培养学习者独立思考和自主学习能力及创新能力。在网络学习环境下,学习被看成学习者自发地与外界相互作用的产物。学习不是死记硬背,而是一个"积极地从所发生的事件中寻求(甚至强加)意义的创造性过程"(Morrison,2005)。在这个过程中,学习者要根据自身水平,寻找适合自己能力的学习起点、学习目标以及学习内容和方法,并确定一套自己的评估体系的能力,以扩大学习活动的自由空间,解决个体差异的需求问题,使每个学生的潜能得到最有效的开发。也就是说,教学对象要从客体过渡为主体,语言本身、教材和教法也属客体,是外部因素;学习者是主体,是内部因素。学习者借助多媒体网络教学系统提供的弹性学习环境,随时随地开展学习,并且能够下载或输出所需材料,从而实现网络资源的提供者和获得者进行实时和非实时的交流,使学习者学习中遇到的问题能得到及时的解答和讨论。例如,学习者可以有针对性地重点学习词汇用法或学习篇章结构和背景知识,或选择反复训练听力和发音。自主学习的方式突破了课堂时间的限制,不仅适应不同水平、不同学习要求和目的的学习者,也体现了个性化的教学原则。

(4)协作学习。由于知识的复杂性和在情境中解决问题的艰巨性,个人根据自己的经验所建构的对外部世界的理解是不同的,也存在着局限性,通过意义的共享和协调,才能使理解更加准确、丰富和全面。由此,协作发生在学习过程的始终,会话是协作过程中不可缺少的环节。学习者通过在内容丰富的情境中的对话与合作,通过对各自见解的协商而达到对新知识的构建与共享。可以说,会话是达到意义构建的重要手段之一。在信息化学习环境下,学习者面对面地进行实时在线语言交流或通过多媒体网络进行实时的文字交流的"协作学习",使每位网络资源提供者和获取者的思维与智慧将被整个网络学习群体所共享，即整个学习群体共同完成对所学知识的意义建构。尽管"理解"属于个人的建构物，无法共享，但可以与他人进行交流。通过交流检验和修正自己的"理解"，使之更符合客观规律（陈坚林，2004）。网络资源提供者和获取者之间有着动态的信息交互，学习者既可通过访问网络站点进行在线学习，也可通过文献检索在线资源来选择自己所需的学习内容，以达到获得知识的目的。在学习者与教师的协作过程中，学习者获得教师的帮助，教师获得学习者的信息反馈。在情境中学习时，教师既是组织者也是参与者，他们既可以通过电子会议系统、电子黑板等实现同步协作，也可以通过 E-mail 实现异步协作。协作学习可在两个以上的学习者之间进行，既可在有组织的情况下进行，也可直接面对面地或通过 BBS 论坛进行。学习者可在比较分析同一问题的不同观点时提升自己的认识结构，加深对知识的理解，并在对不同观点进行梳理的过程中，提高自身知识意义建构的能力。

（5）意义建构。意义建构是学习过程的最终目标，所需要建构的意义是指知识或学习主题等的意义，即事物的性质、规律以及事物之间的内在联系。在这个环节中，学习者要根据自身在学习过程中，通过各种不同形式获得的各类不同信息形成自己的学习体会或研究成果，并且以文字材料、视听媒体、影音资料、多媒体课件和主页等多种形式将成果具体体现出来，以汇报学习成果并进行总结评价（包括学习者个人的自我评价、学习小组对个人学习的评价及教师对学习者的点评），主要目的是使学习者在一个完整、真实的问题情境中，产生学习需求，并通过学习共同体成员之间的协作学习，通过学习者主动探索、亲身体验，完成对知识的意义建构过程。实践证明，意义建构是使学习者适应真实生活，逐步学会独立认识问题、提出问题和解决问题的一条十分有效的途径，有助于学习者在综合实践中提高自身的综合素质（Zaphiris，2006）。

科学技术的高速发展，信息技术的应用为建构主义学习理论提供了技术层面的支撑，优化了大学英语教学资源与教学环境、教学过程与教学目标，促进了学生的学习效率和教学效果的提高。这说明信息化教学代表着先进的教学理念和先进的教学手段。

应该说，现代信息技术所构建的英语教学环境具有了情景的信息化、英语学习的全球化和个性化（陈坚林，2005），为大学英语教学模式的改革奠定了坚实的基础。因此，现代教育技术支持的当代建构主义学习理论对于知识建构的意义可诠释为：学习是学习者主动地建构内部心理表征的过程，它不仅包括结构性的知识，而且包括大量的非结构性的经验背景；学习过程既要运用原有的经验建构对新信息的理解，也要建构从记忆系统中提取的旧信息；不同的学习者对事物的理解（建构）不同，协作学习有助于使理解更加丰富和全面；其主要表现在学习过程中，强调以学习者为中心，同时不忽视教师的指导作用；强调"情境"和"协作"等学习环境的设计；强调利用各种资源来支持自主学习，达到学习的最终目的。

第四节 高校英语信息化教学模式

所谓信息化教学，是指以现代信息技术为基础的一种新型的教学形态。信息化教学模式是教学模式在信息化时代条件下的新发展，是基于信息技术的教学模式（IT-Based Instruction Model）或数字化／信息化学习模式（E—Learning Model）。它是信息技术支持的教学活动结构和教学方式，也是包含技术丰富的教学环境、相关教学策略和方法的教学模型。信息化教学模式会给外语学习带来许多重大的变化或变革。首先，信息时代的学习要求从传统的维持性学习向创新性学习转变。创新性学习本身又有三大重要特点：一是怎样迅速、充分、有效地选择获取和存储所需的信息；二是怎样利用它来解决问题；三是怎样打破常规重新组合。其次，创新性学习要处理好"学会"与"会学"的关系。在外语学习上，"学会"是指构建必要的外语知识基础，掌握某些专门化的知识和技能；学习的内容不仅包括知识和技能，还包括态度、动机、方法和行为习惯等。"会学"是指学会学习，在学习过程中培养各种学习能力，如表达、记忆、观察、思维和信息能力等，其中的核心是思维能力和创新能力。

信息化教学模式有许多种，但较为常见的有：基于问题的教学模式、网络探究教学模式、基于项目的学习、基于案例的学习、基于资源的学习、探究学习、协作学习、基于电子档案的学习、个性化学习、个别授导、智能导师、情景化学习、虚拟教室等。随着外语教学信息化过程的不断深入和发展，新的信息化教学模式还将不断出现，构成丰富的信息化教学模式的种类。限于篇幅，本节将重点介绍基于问题的教学模式、网络探究教学模式和小组协作教学模式。

一、基于问题的教学模式

所谓基于问题的教学模式是指基于问题的学习模式（Problem-Based Learning），是把教学／学习置于复杂的、有意义的问题情景中，通过让学生（通常是小组合作的形式）解决复杂的、实际的或真实的（authentic）问题，来学习隐含于问题中的语言要点、文化背景、语言技能等，发展学生主动构建知识和解决问题的能力。

在基于问题的学习模式中要注意问题、学生、教师三大基本要素的关系和特点：问题，作为学生初始的挑战和动力，必须是界定明确的，且具有足够的吸引力激发学生去发现解决的方法，同时问题还应协调动机和建立后续学习的需要和联系。学生，作为主动的解决问题者，必须积极主动地参与，完全投入地学习，积极主动地进行意义构建。教师，作为指导者和学习的促进者，必须清晰地设计问题（任务），积极有效地鼓励、激发学生思考使他们持续参与，监控并适当及时地调整挑战的难度，使学习能顺利地进行。

为便于更好地理解基于问题的教学模式,有必要从以下几个方面把它与传统教学模式做番比较。

1. 教师方面：教师在传统模式中是教学中的主角、专家和权威，教师群体相互独立工作，以向学生传递外语经验和知识为主；但在问题模式中，教师是引导者、帮促者、合作学习者，教师群体相互支持与合作，以指导学生获取解决问题的策略为主。

2. 学生方面：在传统教学模式中，学生被看成是被灌输知识的"容器"，是外语知识的被动接受者，他们往往只注重单独学习，主要是记忆并重复所获取的前人的经验知识为主的信息；然而在问题模式中，学生主动参与整个学习过程（完成任务的过程），强调的是协作学习，既要进行知识意义的建构，还要形成各种独立的外语应用能力。

3. 教学策略：传统的教学采用的是以单一的形式把知识传递给学生，而问题模式所采用的教学策略为学生自觉地参与学习，学生间或师生间讲究的是合作协调，以完成任务和解决问题为主要目的。学生在多种情景中获取并应用知识，学生自己查找信息，教师只起引导作用。

4. 计算机媒体：在传统教学模式中计算机媒体主要作为教学的辅助工具，用于教师在讲授过程中向学生进行知识演示；但在基于问题的教学模式中，计算机媒体是整个教学的一个有机组成部分，是用于学生获取、处理信息和解决问题、完成任务的认知工具。

5. 评价方式：传统教学模式中的评价方式比较单一，即评价以学生的（考试）成绩为主，学生按成绩分成不同等级，教师往往是整个教学中的唯一评价者；相比之下，问题模式中的评价方式就要灵活得多，对学生的评价不仅仅局限于（考试）成绩，也不按成绩来评定学生等级，对学生评价一般由自我评价、同伴评价以及教师评价三者结合起来。

6. 教学环境：在传统教学模式中，教学环境主要由教室、课本、黑板、粉笔、设备等构成，是一种"教师中心"的学习环境；然而问题模式强调的是教师、学生、内容、技术等构成的生态化学习环境，是一种"学生中心"、相互合作支持的学习环境。

通过上述六个方面的对比分析，我们了解了传统模式与问题模式的区别，也对基于问题的教学模式有了一个基本的概念。基于问题的教学模式通常由五个环节组成：确定问题（任务）、分析问题、解决问题、结果展示、学习评价。在这个过程中，教师只是起指导、帮促的作用。信息技术完全整合于教学模式实施的全过程中，见图4-1：

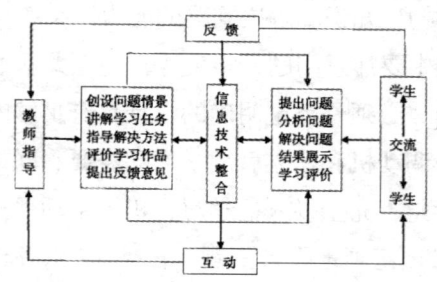

图4-1　基于问题的教学模式

基于问题的教学模式在具体实施时，应包括这样几个阶段：情景创设和问题提出、问题界定和问题分析、探究和解决问题、分工合作和完成任务、评价和反馈。

第一阶段：情景创设和问题提出。教师要根据实时的教学内容和要求，利用各种信息技术提出引导性问题，逐步形成具体的学习任务。提出的问题应符合这样几个要求：1）要有相应的问题。情景描述，能够引起学生的兴趣；2）问题导向要明确，学习重点要清楚，实施过程要清晰；3）难度要相宜，以综合原有的知识为前提，探究新知识为主要目标。学生在问题提出的基础上，针对学习重点，可以进一步细化任务。

第二阶段：问题界定和问题分析。问题明确后，学生要根据自己的理解用自己的语言来界定和描述所要研究的问题。然后，对所提问题和任务情景进行仔细思考和分析，在分析的基础上确定问题的要点所在，即找到问题的本质。形成小组，任务分工，提出可能的行动建议或方案。

第三阶段：探究和解决问题。确定学习任务的分配后，要通过各种途径收集与主题相关的信息，同时对所收集的信息进行归类、整理和分析。学生间要做相互交流并形成解决问题和完成任务的方案。

第四阶段：分工合作和完成任务。各小组成员按分工要求，完成各自的任务并以适当的形式（如利用计算机多媒体的形式）展示如何解决问题的过程和结果（如语言技能的运用、文化背景的描述、语言要点的学习和练习等）。

第五阶段：评价和反馈。小组成员共享他们完成任务所取得的成果，同时进行自我评价和小组间评价。评价主要围绕任务完成过程中各成员的表现，教师要在这些评价的基础上做总体评价和反馈，提出以后努力的方向。

在具体实施基于问题的教学模式时，可以遵循图 4-2 所示：

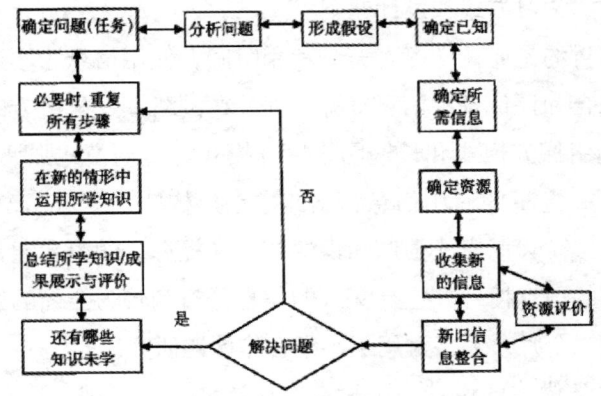

图 4-2　基于问题教学模式的操作程序

二、网络探究教学模式

网络探究教学模式，英文为 WebQuest Model。WebQuest 是由 Web 和 Quest 两个词

组成的复合名词，Web 的英文原义是"网络"，Quest 有"寻找""探索"的意思，因此 WebQuest 是一种"网络探究"的活动，引申于外语教学就是"网络探究教学模式"。

网络探究，作为探究学习活动的一种具体形式，主要是依托互联网强大的信息资源来训练学习者的探究能力。在网络探究中，学习者可以最大限度地利用网络资源，主动发现外语领域中的未知问题，探究解决问题的方法，建构知识，学会外语。

1. 网络探究教学模式的理论基础

网络探究教学模式主要基于三方面的理论，即 Bruner 的发现学习论、Dewey 的"从做中学"理论以及 Vygotsky 的社会建构主义理论。Bruner（1960）认为，发现并不仅限于人类寻求尚未知晓的事物，而应指人们用自己的头脑亲自获得知识的一切方法。引申于我们的教学，如果教师只是引导，让学生主动地去学习，他们就会因自己发现而学习，去概括原理或法则，也就会因自己发现而感到愉快和满足，从而使学习具有更强大的动力，所获得的知识也会更加深刻而不易遗忘，并能广泛地应用于实践，有助于智力的发展。因此，Brunet 的理论是要鼓励每个学习者去成为一个"发现者"。Dewey（1970）主张学生应当"从做中学"，他认为要求儿童不从活动而从听课读书中获得知识是虚渺的，因为成长中儿童的兴趣主要是活动。"从做中学"是儿童天然愿望的表现，它有助于儿童的整体发展，可以使儿童获得知识并锻炼能力。Vygotsky（1978）认为，学习过程中应重视文化与社会的角色；智力发展的最主要动力是文化，其机制在于社会互动；语言发展是文化传承的一种方式，因此必须与文化同步成长。在学习过程中学习者与环境文化的互动非常重要，因为个人的知识是在社会文化环境下建构的。上述三方面的理论从不同角度阐述了人类学习的不同方法，但宗旨是一致的，即积极主动地构建知识的学习过程，符合人类主动探索的本质。

2. 网络探究模式的学习方式和设计原则

网络探究学习的目的是要让学习者充分利用时间，使用信息（不仅仅是收集信息）并帮助学习者分析、综合和评价各种信息资源。因此，网络探究学习方式按学习探究的时间可分为两种：短期网络探究模式和长期网络探究模式。短期模式强调知识的获取和整合，学习者获得并理解了一定量的有用信息，据此主动建构知识。短期模式（1~3 个课时），大多可以用于日常教学。长期模式强调知识的拓展和提炼，学习者通常要就一个完整的课题或任务进行有计划的信息搜寻并进行深入的信息分析和较为全面的知识重组。长期模式可以为一周也可以为一个月，大多可用于小组合作课题研究。

关于网络探究教学模式的设计，一般要遵循这样五个原则，也有学者称其为 FOCUS 原则：F—寻找合适的网站（Find greatsites），O—协调组织学习者和学习资源（Orchestrate your learners and resources），C—激发学习者思考（Challenge your learners to think），U—选用媒体（Use the medium），S—帮助学习者达到高水平学习期望（Scaffold high expectations）。

（1）寻找合适的网站

在这一模式中，学生寻找（选择）合适的网站进行学习至关重要，因为合适的网站能够向学习者提供恰当的学习材料，使课堂学习得到充分的延伸。要寻找合适的网站，学生必须注意这样三个方面：①熟练运用搜索引擎，如 Google，Baidu 等。在搜寻相关的学习信息时，要掌握查找技巧和搜索引擎的高级规则，以便快速高效地搜寻到所需要的信息。②深度挖掘网页信息。据统计（钟志贤，2005），目前互联网上的网页多达5500亿，通过搜索引擎可以查询到的也有10亿个左右，当然英文网站或适合学英文的网站也是不计其数，此外还有许多通过网络能查到的档案馆、数据库、博物馆等也能成为学习者的选择对象。③善于收藏已发现的优秀网站。在众多的网站中，一旦发现那些能有效帮助学习者进行外语学习的网站或资源库，应该及时地把它保存起来，而且要不断地进行跟踪。

（2）协调组织学习者和学习资源

协调和组织学习者以及合理安排学习资源是网络探究学习的重要组成部分，在设计网络探究学习时应对这两个方面加以重视。首先是如何组织好学习者。成功的网络探究学习应该与和谐的小组学习环境有关，而和谐的小组学习环境更需要把学习者很好地协调和组织起来。协调和组织学习者应包括这样几个方面：积极互动、角色协调、分工负责、协作互助。在网络探究学习中，学习者会根据学习任务进行一定的信息探寻，同时要做及时的互动交流，相互促进。在交流互动的过程中，学习者要明确各自的角色，要明白没有伙伴的支持任务不易完成。小组成员的分工要明确，这样才能对任务中的某些部分负责。在此基础上，小组成员要懂得如何相互合作，只有在协作互助中学习任务才能圆满地完成。其次是学习资源的有效组织和合理安排。应该说，网络上的外语学习资源是非常丰富的，因此如何优化组织这些学习资源是网络探究学习必须要关注的。优化组织学习资源通常可能有这样两种情况：硬件的缺乏和软件的应用。如果教学时没有足够的电脑设备，教师应采取可能的措施来弥补，如教师只用一台电脑引导全班学生讨论，协调学习节奏；也可以在硬件条件有限的情况下，按一定比例（如1:5、1:10等）设置学习中心，让学生轮流使用；如上网条件有限，要注意错开学生离线和线上活动时间，最大限度地发挥网络的功能和优势；再如学生无法上网，教师可以把相关网站的内容先下载，再供学生离线学习。在软件的应用上，要尽可能地了解各种与外语学习相关的网站以及其他的网络学习软件，这样才能灵活使用各种软件，优化组织丰富的学习资源。

（3）激发学习者思考

一般在网络探究学习中，可以采取以下方法引导和激发学习者思考：①使任务具有挑战性。任务的设计和选择必须要考虑其完成过程的难度，这种任务的难度不仅要体现在学生对任务的理解上，更重要的是体现在学生解决问题的能力上以及创新设计、逻辑判断的能力上。②使任务真实化。任务设计应接近现实生活，尤其是任务的主题要来自社会的实践活动，同时要注意任务中活动的可操作性，使学生学会能用于现实生活的语言技能。③

使任务全面化。任务的设计要有全面的考虑,既使任务具有一定的难度,又使学生能通过任务学会从多种角度全面地看问题,以提高他们解决问题的能力。

(4)选用媒体

网络探究学习不一定完全限于使用网络资源,也可以充分利用书籍、刊物等其他媒体,以达到探究学习的目标。因此,在选用媒体上应充分注意这样几个方面:首先,要注意互联网不仅仅是一种计算机网络,更重要的是人的网络和专家资源的网络。学习者除了选择适宜、有趣的网页供学习之用外,还可以寻找到大量共享的专家智慧资源。其次,要注意在学习过程中与他人交流,学习者可以通过BBS、E-mail等平台与专家或其他学习者进行信息交流。通过网络上交流互动,学习者可以相互间取长补短、启发思路、共同提高。最后,要注意学习内容的合理选择。应该说,网络是一个多媒体的环境,可提供无限量的学习资源,选用合理,则能提高学习效率,否则滥用网络音视频等多媒体内容,会分散学习者的注意力,不能达到应有的学习效果。

(5)帮助学习者达到高水平的学习期望

网络探究学习可以让学生在平时不敢想象的情景中进行学习,达到传统教学很难达到的学习效果,因为在网络探究时教师可以帮助学生搭建"脚手架",如让学生尝试把全球的软饮料(soft drinks)放在一起分析和归类,教师就应事先提供各国或地区关于饮料方面的网站、各种评述、生产销售网站等支撑信息。一般情况下,网络探究学习可提供三类"脚手架":接受支架、转换支架、输出支架。①接受支架的作用主要是指导学习者如何根据已定的网络学习资源和已有的知识展开学习活动。网络探究学习时,学习者往往会面对海量的网络资源信息,如果缺乏指导,学习者可能会无所适从。因此,具体的接受支架往往会在观察指导、会晤技巧、在线词典的实例中体现出来。②转换支架主要是指一些网络探究学习中的方法和技巧,如比较、对照、归纳、总结、讨论、推理、决策等。在学习过程中,学习者将接受到的信息进行加工和重组以转变为新的形式,这就需要转换支架的帮助。③输出支架主要是指学习者通过学习将自己的认识和创建的成果呈现出来。学习成果的呈现可以借助一定的输出支架,如模版、写作向导、多媒体、各种组件等。

总之,"脚手架"的作用是要帮助学习者超越其以前已具备的语言能力,以更有效地内化学习内容,自主地完成学习任务。

三、小组协作教学模式

小组协作教学模式,亦称计算机支持的协作学习模式(Computer—Supported Collaborative Learning),其有别于传统的计算机辅助的个别化教学。个别化注重学习中的人机互动活动,而协作学习强调利用计算机支持学习同伴之间的交互活动。小组协作学习是以一种小组或团队的形式,组织学生协作完成某种既定学习任务的教学形式。

1. 小组协作学习的基本要素

根据 Johnson et aL.（1999）的理论，协作学习的基本要素包括五个部分：积极的相互依赖（Positive Interdependence）、面对面互促交流（Face—to—Face Promotive Interaction）、个人与小组职责（Individual and Group Accountability）、人际与小组交流技能（Interpersonal and Group Skills）和小组组织工作（Group Processing）。

第一，小组协作学习需要的就是成员间要积极地相互依赖，因为这是协作的基础，没有依赖就谈不上协作。积极的相互依赖要求每个成员都要明确各自的责任，即进行指定材料的学习并完成共同的学习任务。根据外语教学的特点，积极的相互依赖主要包含三个方面（赵建华，2006：50），分别是：（1）有明确的小组学习任务，而且每个成员必须明白各自的实际任务分工；（2）分工不等于"分家"，每个成员必须明白各自所担的任务对完成小组整体任务的重要性，只有每个分工任务做好了，小组任务目标才能完成；（3）小组任务完成，获得了成功，必须要有褒奖。这样就能增强未来完成任务的信心，进一步促进积极的相互依赖。此外，积极的相互依赖还必须要有积极的角色分工，如在完成某一学习任务时，有设计者、记录者、理解检查者、鼓励者、解释者、角色参与者等。这样，成员间就有了角色的相互依赖性，即特定的角色义务。角色预示了小组成员对自己贡献的期望，同时每位成员又期望其他成员的角色配合，这就是相互依赖。可见，积极的相互依赖主要体现在共同的小组成果和目标实现的相互努力上。

第二，小组协作学习需要成员间面对面的互促交流，即通过面对面的共同工作，沟通思想，促进交流。互促交流主要有这样几方面的情况需要考虑：（1）要考虑并确定小组活动的时间。小组成员间应有足够的时间进行交流，每位成员要毫无保留地谈出自己的想法。（2）要考虑个体思想的独特性。个体成员都会根据自己的理解或价值观对学习任务形成特有的想法，所以成员间一定要互信、互补、互励以促进交流。（3）要考虑对小组学习任务评估的及时性。对学习任务的进展情况要做及时的评估，注意成员间的心理调节和工作协调，因为及时评估、适当协调、个体关心、相互鼓励都是促进成员间相互交流的有效手段。高效的小组协作学习还可通过相互有效帮助、资源相互交换、信息高效加工得以实现。

第三，小组协作学习需要构建小组和个体的职责。小组的职责主要体现在业绩评价、结果反馈、同类比较等三个方面，而个体职责则表现在完成个体任务、评价个体业绩、反馈评价结果、提供鼓励和帮助等四个方面。在小组协作学习时，应当尽量避免出现这样的状况，即小组成员的职责难以确定、个别成员的工作成为多余、个体不对小组成果负责、成员处于消磨时间的状态等。个体职责的构建步骤是：（1）确定小组人数。通常是人数越少，个体职责就越大。（2）给每个学生做选择的机会。学生的选择往往会与个体特点较为吻合，所以也就较能胜任相应的职责。（3）鼓励展示自己。随机挑选学生向全班展示他们小组的工作，这样能激发起责任意识。（4）观察小组的协作过程。注意观察学生的特点和擅长，尤其是信息技术的应用方面各成员的特长所在。（5）明确小组任务与角色作用。任务分工到位也就相应地明确了成员的小组角色作用。至此，每位成员的个体职责也就构建完毕，小组协作学习开始。

第四，小组协作学习需要有人际与小组的交流技能。人际与小组交流技能实际上是一种社交技能或与他人进行交流的能力。为了进行高质量的协作，学生必须学会社交技能并应用于他们的小组协作中，以促进相互间的有效工作。一般来说，外语教学上的小组协作学习往往都是一些任务型的学习方式，而这种任务又会涉及许多互动的内容。要使任务型学习以互动方式运转起来，人际与小组技能至关重要。所以在小组协作学习过程中，既要求学生围绕课程内容展开协作，又要求他们必须学会社交技能。应该说，成员的社交技能（信任、理解、支持、协调、建议等）越强，则完成协作学习任务的质量就会越高。

第五，小组协作学习需要高效的小组组织工作。一般认为，小组运行的效果决定了小组工作的有效程度（Johnson，1997）。小组运行就是小组协作活动的组织工作，教师应该在此工作中起着举足轻重的作用。教师的具体工作应该是：（1）观察与评价。通常说，观察为教师了解学生的总体情况提供了一个窗口，在小组协作学习中更是如此。观察要有内容，包括观察的目标、对象、活动、反映及其他信息。在观察的基础上，教师要进行一定的快速分析和决策，并给予切合实际的评价。评价要有记录，尤其要注意对不同小组的学习结果进行比较，以便及时提出反馈。（2）倾听与反馈。学生完成了小组协作学习，教师必须预留时间让小组成员对小组协作的有效活动进行描述或展示。教师要细心倾听，记录有关要点。随后，教师要将结果反馈给每一个小组，对小组学习有利的个体努力应该给予确认和表扬，对于小组学习中出现的问题要有分析、解释和建议，促使小组成员进行反思以提高今后小组协作学习的质量。（3）鼓励与指导。教师应该明白，"成功、赏识和尊重感有利于建立小组成员对学习的责任心，增强个体在协作小组中工作的积极性，增强对主题的自我感知及与其他成员协同工作的认识"（赵建华，2006：52）。教师要对协作成功的效果进行研究，特别是发现有创新性的成功实例要及时地给予鼓励，帮助学生建立做下去的信心。但是，仅有鼓励还是不够的，教师还应在各方面提供帮助和指导，尤其是在个体职责、社交技能、专业知识、活动设计等方面的指导更为重要。

2. 小组协作学习的形式

在计算机网络的支持下，学生可以突破地域和时间上的限制，进行小组讨论、同伴互教、小组练习、小组课题等协作性学习活动。基本的协作学习模式有许多种，如竞争、角色扮演、讨论、辩论、协同、伙伴、设计、小组评价、问题解决等。限于篇幅，本节将介绍五种基本形式：

第一种是竞争。这种学习形式是指两个或多个学习者在网络上针对同一学习内容或情景进行学习，看谁能够率先达到教学的目标要求，犹如竞赛。由于学习者的这种竞争关系，学习者都会在学习中全神贯注，努力争胜，往往会取得较为显著的学习效果。这种学习形式一般采取这样的步骤：首先，网络学习系统（学习平台）提出学习目标或问题，并提供相关的信息。然后，学习者可以选择学习的竞争对手，确定好竞争协议，开始解决学习问题。过程中，竞争双方都可以看到对方的状态，并可以随时调整学习策略，直至学习任务完成。这种学习形式的优点是学习者有较强的学习动力，效率较高，但较为明显的不足之处是竞争双方原来的外语水平差异以及学习问题的难易程度较难控制。

第二种是协同。这种学习形式是指多个学习者共同担负起某个学习任务。在学习过程中，每个学习者可以选择他认为最合适、最有效的方法与其他人合作，发挥各自的特点，相互帮助，相互提示，相互依赖，分工合作。学习者在相互合作中逐步形成对学习内容的正确理解和领悟，以集体的智慧完成学习任务。这种学习的优点是能充分发挥每个学习者的长处和团队精神，但缺点是相互的协调有时较难处理。

第三种是角色扮演。这种学习形式是指学习者以扮演不同的角色来完成学习任务。通常情况下，角色扮演有两种：师生角色扮演和情景角色扮演。所谓师生角色扮演，就是让学习者分别扮演学习者和指导者的角色。学习者回答问题，进行学习，而指导者则检查、解答、评价学习。在学习过程中，学习者可以根据不同的学习任务互换角色。情景角色扮演是要求若干个学习者按照与学习主题相关的情景分别扮演不同的角色，以营造一种与真实生活相近的外语操练场景。这种学习形式可以使学习者犹如身临其境，体验和理解学习内容和学习主题的要求，从而更有效地实现意义建构的学习策略。这种学习形式的优点是可以有效地培养和锻炼学习者的语言综合应用能力，但缺点是学习者对学习任务的"知识差距"较难衡量。

第四种是小组评价。这种学习形式是指学习者以自己的实践体验来评价学习成果，并通过评价促进进一步的学习。小组评价最重要的是要让学习者学会评价，尤其在计算机网络环境下，学习者既要对小组成员的学习进行评价，又要对小组整体的学习情况（组织、计划、进程、协调、互助、团队精神等）进行评价。无论是成员个别评价还是小组整体评价，学习者必须要转变观念，从以教师为中心的观察和测试评价转变到以学生为中心的互动合作评价。评价内容不仅包括学术方面的，而且还包括社交、文化等其他方面。在这种学习过程中教师应该让学生明白评价绝不能只依赖教师，并充分鼓励学生进行积极、中肯的小组评价。

第五种是问题解决。这种学习形式是指学习者以解决某种问题的方式来进行学习。这实际上就是任务型学习的一种：首先提出并确定问题，其次分析问题，最后解决问题。通常情况下，问题的确定很关键，必须要有周密的考虑。问题应多种多样，既要符合学生的需求和兴趣，又要符合外语教学的规律。在分析问题的同时，要做好计划并明确小组分工。解决问题时，要相互合作、相互促进，以综合、灵活的方式解决问题，完成学习任务。

小组协作学习是信息化外语教学模式之一。上述五种方式为小组协作学习的基本方式。在具体的外语教学中，小组协作学习的方式还有很多种，因此必须灵活运用。

第五章　高校英语教师的信息化教学能力研究

　　面对全球信息化的浪潮，世界各国高度重视社会信息化建设。加快教育信息化的建设与发展，提高公民的信息化能力与素质，培养适应信息化社会发展的人才，以增强本国的科技竞争力，整体提升综合国力，是各国追求的目标。社会信息化离不开教育信息化，教育信息化不能没有教师的积极参与。世界各国在教育信息化进程中，都对教师教育信息化发展给予了高度重视。没有教师教育信息化，就不会有教育信息化的改革与发展，教师信息化教学能力的培养是教育信息化的关键环节。

　　信息化教学能力，是以促进学生发展为目的，利用信息资源，从事教学活动、完成教学任务的综合能力。教师的信息化教学能力发展的目的是促进学生的发展，所利用的信息资源是介入教学中所有技术作用下的信息化教学资源，教师信息化教学能力是一种综合能力，它由若干信息化教学子能力构成，是信息化社会中教师专业发展的核心能力。

第一节　教师信息化教学能力概述

一、信息化社会与教师专业发展

（一）基础教育改革对教师的要求

　　我国新一轮基础教育课程改革对教师的教学观念、知识结构、教学方式、教学能力等提出了新要求。新一轮基础教育课程改革，改变注重知识传授的倾向，强调形成学生积极主动的学习态度，从而要求教师由单一的知识传授者成为满足不同学生学习要求的帮助者、指导者、促进者，要求教师能够培养学生的创新精神与实践能力，培养学生终身学习的意识与能力，培养学生良好的信息素养。新一轮基础教育课程改革，使课程结构从单一走向多样、从分科走向综合。在信息化社会中，教师已不再是教学中唯一的知识来源，教学信息资源来源已多元化，教师的课堂教学权威已经被解构，从而要求教师具有新的课程观、教学信息资源观，要求教师从权威的课程执行者成为学习环境的创建者及教学信息资源的收集者、开发者和设计者。

新一轮基础教育课程改革，改变了学生的学习方式，体现了学生学习的主体性、参与性、探索性，要求全面发展不同学生的学习能力。要求教师转变教学方式，加强与学生的教学交往，培养学生搜集和处理信息的能力、获得新知识的能力、分析和解决问题的能力以及交流与合作的能力。新一轮基础教育课程改革，要求改变教学评价方式，改变传统评价过于强调的甄别与选拔，评价要促进学生的全面发展，倡导多元化的评价方式。课程改革对教师提出了各种要求，需要教师具有新的课程观，对教师的知识结构和能力素质提出了更高要求，需要教师转变传统教学方式，加强教学交往能力、教师教学能力的提升要促进不同学生的发展等。

（二）教师专业发展对教师的期待

教师专业发展是目前教育领域普遍关注的话题之一，教学能力发展是教师专业发展的核心。教师专业发展期待教师具有终身学习的意识与能力，动态地实现自身知识的更新以及教学能力的提升。要培养学生的创新精神与实践能力，首先需要发展教师的创新意识与应用实践能力，只有创新型的教师，才能培养出创新型的学生。教师专业发展需要教师具有一定的教学交往能力，既包括教师之间的教学对话、合作，以形成教师教学的集体智慧，也包括教师与学生之间的交流合作，以更好地完成教学，促进学生的全面发展。教师专业发展期待教师角色转变，由知识的传授者转变为学生学习的帮助者、指导者和促进者。教师专业发展不仅仅要求教师具有一定的教学能力，同时还需要教师有一定的学习资源开发能力和教学研究能力，尤其是教学研究能力。教师只有在教学实践中研究总结，才能有针对性地反思自己的教学，提高自身分析问题与解决问题的能力，从而有效地提升教学能力。在教学中研究，在研究中提高，以更好地促进教师的专业发展。

（三）信息化社会对教师的挑战

教育信息化是社会信息化的重要组成部分，而教师教育的信息化发展，则是教育信息化发展的关键环节，也是促进教育信息化的重要力量。信息化社会中，教育思想、教学内容、教学方法等都发生了变革，对教师的知识体系和能力素质提出了挑战。

信息化社会中，教师的专业发展受到普遍关注和重视，世界各国都相继公布了教师有关教育技术的能力标准，开展了大量教师教学中信息技术应用能力发展的项目，为信息化社会中教师的教育技术能力发展提供了帮助与支持，在一定程度上，也规范了教师教育技术能力的培训与资格认证，如美国针对未来教师的 PT3 项目、英国教师的 ICT 培训、新加坡的 MP 项目、韩国教师的 ICT 素养培养、英特尔未来教育项目等。同时，联合国教科文组织也颁布了《信息和传播技术教师能力标准》，美国先后四次修订《面向教师的美国国家教育技术标准》，英国政府公布了《ICT 应用于学科教学的教师能力标准》，信息化社会中，教师的专业发展受到世界各国的普遍关注，对教师的专业化发展也提出了挑战。

二、教师信息化教学能力的特点

教师的信息化教学能力,是教师在教学过程中,运用信息技术开展教学活动和完成教学任务的一种重要的特殊能力,它由一组能力组成,包括若干子能力。教师信息化教学能力是建立在教师信息化实践知识基础之上的,要在一定的信息化情境中形成和发展。教师信息化教学能力的主要特点有:

(一)信息化教学能力的复合性

信息化社会对教师教学能力的要求,已不再局限于单一的传授知识和技能。教师的信息化教学能力既有传授知识、技能方面的能力,也有教学技术、技术化的知识内容、技术化的教学方法、技术化的协作教学等方面的能力要求;既有促进教师教学能力发展方面的能力,还包括促进不同学生信息化学习能力发展的要求;既有初级的信息化教学能力要求,又要具备更高层次的信息化教学能力素质。传统社会中教师的教学能力同样具有复合性的特点,但信息化社会中,由于信息技术要素的动态介入,使教师的信息化教学能力更为复杂多样。尤其是现代社会教学信息来源多元化、学习资源环境数字化,使教师的权威地位以及在教学中应发挥的作用发生了很大的转变。在信息化的学习环境中,对教师驾驭教学的能力提出了更高要求,期待教师的教学能力素质趋向于更加全面化的发展。教师不仅要有信息化教学知识内容的传授能力,更要具备促进不同学习风格和不同学习策略的学生实现信息化学习的能力,使因材施教在信息化社会中得以真正实现。因此,信息化社会中,教师信息化教学能力呈现出综合化、多层次化的特点,具有明显的复合性特点。

(二)信息化教学能力的关联性

教师信息化教学能力是由一系列子能力构成的,但各个子能力又是相互联系、相互影响、相互作用、彼此关联的。首先,基本的教学能力具有能力发展的基础性。教师的信息化教学能力是建立在一定的教学能力基础之上的,如驾驭学科教学内容的能力、一般教学法的相关能力、基本的教学技术能力等,都是教师信息化教学能力发展的基础能力。其次,信息化教学的相关学科内容能力、信息化学科教学法相关能力等的形成与发展,也是教师将教学技术、学科教学内容以及学科教学法融合的过程,体现出能力形成与发展的融合性特征。最后,信息化教学能力发展中不同阶段的能力素质具有一定的递进性。教师的信息化教学能力素质,在不同的信息化教学能力发展阶段有不同的侧重。信息化社会中教师的各种教学子能力,只有通过在动态的发展中寻求新的平衡与协调,才能良性动态地形成与发展。

(三)信息化教学能力的发展性

首先,为了适应不同的、复杂的信息化教学情景与信息化教学实践,以满足不同的学习对象的不同学习发展与能力要求，需要教师信息化教学能力动态地形成与发展，以适应动态发展变化的要求。其次，信息化社会中，信息技术更替周期逐步缩短，由此而形成的信息化学科教学与相关的教学方法，也同样需要不断发展变化，以满足相关教师教学能力变化发展的需求，适应新技术、新工具、新方法带来的变革。正是由于信息技术的时代发展引起信息化教学能力的动态更新与发展，所以需要教师主动适应这种动态变化的发展。再次，课程教学的改革与发展也需要信息化社会中教师能力的调整与改变，以适应教学改革与发展对教师能力结构提出的新要求，需要教师动态调整与发展完善自身的教学能力结构。最后，信息化社会中，教师自身的专业发展本身也是动态的、终身的。教师的专业化成长，需要教师在不同的职业发展阶段，不断完善和发展自身的教学能力结构。教师信息化教学能力的发展是有指向的，指向教师信息化教学智慧的创造，这种发展是终身的。

（四）信息化教学能力的情境性

教师信息化教学能力的形成与发展需要一定的信息化教学情境实践，是在一定信息化教学情境实践中呈现出来的一种特殊的能力形式，具有明显的情境性特点。同一教学对象、同一教学内容，在不同的信息化教学情境实践中开展的学习活动，需要教师有不同的信息化教学能力去适应，以达到开展相应教学活动的目的。教师信息化教学能力不能脱离一定的信息化教学情境中主体实践的体验而单独存在，教师信息化教学能力的体现与发展，必须是在一定的信息化教学情境体验中完成的，没有信息化教学情境的实践性体验，就不会有教师信息化教学能力的发展。教师不仅要具有适应不同信息化情境中主体实践体验的能力要求，更重要的是，教师需要将不同信息化情境中教学的知识能力素质迁移到其他相关的信息化教学情境中，从而促进教师信息化教学实践能力的发展。

第二节 教师信息化教学能力构成

一、教师信息化教学能力的知识体系

信息化社会中教师教学能力的知识结构具有明显的层次性。依据教学中对教师教学能力的不同要求，我们将教师信息化教学能力的知识分为三个层次。第一层次包括学科知识、一般教学法知识、学科教学法知识和教学技术知识。这四类知识是教师信息化教学能力的知识基础。第二层次包括信息化学科知识和信息化教学法知识。这两类知识是教师信息化教学能力的知识主体。第三层次包括信息化学科教学法知识，是教师信息化教学能力的最高知识要求。（表5-1）

表 5-1　教师信息化教学能力知识体系

教师信息化教学能力知识体系	
知识基础	学科知识、教学法知识、教学技术知识
知识主体	信息化学科知识、信息化教学方法知识
最高知识要求	信息化学科教学法知识

第一层次的知识是教师信息化教学能力的知识基础，具体知识内容包括：学科知识，主要指教师所从事学科专业的知识、概念、理论、方法以及相关联的学科理论内容等，是教师从事学科教学的专业知识准备。一般教学法知识，主要指教学的一般性原理、策略和方法等，可以完成教学的准备、教学的实施、教学的管理、教学的评价以及对教学目标和教学过程的认识等，以促进教师教学和学生学习的一般性的教育教学知识。学科教学法知识，主要是学科知识和一般教学法的综合，这也是舒尔曼提出并得到广泛认可的知识，涉及对学科知识的表达、传输以及呈现等，以方便教与学的过程。教学技术知识，主要指广义上教学媒体和教学手段的应用知识，既包括教科书、粉笔、黑板、模型、教具等使用的技能，当然也包括幻灯、投影、广播、电视、计算机、互联网等应用的硬件知识与技能。

第二层次的知识是教师信息化教学能力的知识主体，具体知识内容包括：信息化学科知识，主要指教学技术与学科知识相互融合后的知识，教学技术使学科知识以信息化的方式更方便、更灵活地表达、呈现与扩展。当然，也可以根据具体的学科内容选择合适恰当的教学技术。信息化教学法知识，主要指教学技术与一般教学法融合后产生的新知识。教学技术介入教学过程后，教学中的要素发生了变化，在教学技术的作用下，既会巩固拓展原有的教学法，也会因此产生一些新的教学方法，如网络环境下的探究式教学、协作教学以及基于信息技术环境的情景教学等。

第三层次的知识是教师信息化教学能力的最高知识要求，具体内容包括：信息化学科教学法，主要指教学技术与学科知识、一般教学法融合后产生的一类特殊的知识，是教师信息化教学能力的最高知识要求，也是教师信息化教学能力发展中，教师获得知识的最高境界与追求。这类知识已经超越了学科知识、教学法知识、教学技术知识的各自内涵，是三类知识的融合与动态平衡，可以在具体的学科教学中，运用合理恰当的教学技术，创设适合学生学习的信息化教学情境，拓展教师的信息化教学，以更好地促进教师信息化教学能力的发展，促进学生信息化学习能力的发展。

教师信息化教学能力的知识核心则包括教学技术知识、信息化学科知识、信息化教学法知识以及信息化学科教学法知识四个方面。

二、教师信息化教学能力的结构

知识是能力的基础，知识需要转化为能力。能力是知识的目的，是运用知识解决问题的能力。能力的体现既要综合运用知识，又要分析解决具体问题。教师的信息化教学能力，是信息化教学能力知识体系与信息化教学实践的有机统一。教师的信息化教学能力可以划分为六种子能力：信息化教学迁移能力、信息化教学融合能力、信息化教学交往能力、信息化教学评价能力、信息化协作教学能力，核心是促进学生信息化学习能力。

（一）信息化教学迁移能力

教师信息化教学迁移能力的实质主要有两个方面：一是不同信息化教学情境中的教学适应能力迁移，即横向迁移。二是信息化教学知识技能的转化迁移，即纵向迁移。教师信息化教学迁移能力是教师信息化教学能力的基础能力，也是教师信息化教学能力可持续发展的重要条件。

1. 信息化教学纵向迁移能力（转化迁移）主要指教师将学习获得的知识技能应用于解决信息化教学中的实际问题，应用于现实的信息化教学活动中的能力。教师通过学习所获得的信息化教学知识与技能，需要将其应用于实际的信息化教学情境中，解决现实中的各种信息化教学问题。对于信息化问题的有效解决，就需要通过迁移。从这个意义上来看，迁移也是信息化教学知识技能向信息化教学能力转化的关键。通俗地说，就是学以致用。

2. 信息化教学横向迁移能力（适应迁移）。一种信息化情境下的教学活动，在另外一种新的信息化教学情境中未必适用。信息化教学横向迁移能力主要指教师将一种信息化教学情境中的教学经验创造性地应用于其他新的信息化教学情境中的能力，是教师对原有信息化教学能力结构的拓展与延伸。在信息化教学情境中，教师对教学情境的把握、教学活动和教学方式的策略选择、教学媒体的应用、教学活动的程序等，都要依据自身的相关教学经验和借鉴他人的成功做法。通俗地说，就是举一反三、触类旁通。

（二）信息化教学融合能力

信息化教学融合能力具体包括三个方面的子能力：

1. 信息化学科知识能力，即信息技术与学科知识的融合能力。信息技术与学科知识相互融合，会形成学科知识的新形态。原有学科知识形式的新呈现、内容的新拓展，是需要教师将学科知识信息化的一种能力要求。

2. 信息化教学法能力，即信息技术与一般教学法的融合能力。它是信息技术与一般教学法相互融合后，形成的一类新的知识类型，需要教师具备将信息技术与一般教学法融合，同时还需要教师能够驾驭信息化情景中的一些基本的教学原理、方法与策略等。

3. 信息化学科教学法能力，即信息技术与学科教学法的融合能力。信息技术与学科知识、一般教学法相互作用形成的一种特殊知识形态，需要教师具备教学技术知识、学科教学法知识，当然更需要教师将教学技术与学科教学法融合的能力。只有将信息技术与学科内容知识、教学法相互融合，发挥各类知识内容与各种方法策略的优势，才能使教师在新的学科知识形态和新的学科教学方法与策略的基础上，实现教学效率和效果的有效提高，才能使教师的信息化教学能力得以有效提升，从而促进不同学生学习能力的全面发展。

(三)信息化教学交往能力

信息化教学交往能力，是指教师和学生在信息化教学情境中，彼此交换思想与感情，促进师生间的交流与沟通，以实现学生能力发展为重要目标的一种教学能力形式。信息化教学交往能力是教学活动中师生的信息化互动，是信息化的教学交往实践，体现了教学中教师与学生之间的关系。信息化社会中的教学既是知识、技能的传授，更是学生学习能力发展的促进，因此需要教师与学生间有效地交往。信息化教学中的教学方式体现出选择化和互动化的特点，相应地，学生的学习方式也走向了合作、对话、交流、探究与实践等。教师的信息化教学交往能力包括课堂信息化教学交往能力和虚拟信息化教学交往能力。

1. 课堂信息化教学交往能力，是指在课堂信息化教学情境中，教师与学生的教学交往能力。在课堂信息化教学情境中，需要实现师生之间的多元化教学交往，需要定位师生之间新的教学交往关系与角色。教师是信息化情境中学习过程的设计者，学习资源的开发者，学习活动的组织者、引导者和管理者，学生是积极主动的学习者。在课堂信息化教学情境中，教师要与学生实现信息化的交流与沟通，实现与学生的平等对话。教师也要对学生的信息化学习过程进行指导，让学生在信息化环境中学会学习。教师还要对课堂的信息化教学活动合理协调，保证课堂信息化教学活动的有序顺利开展，既有对学生学习的协调，也有对教学活动序列的协调。教学协调能力是教师课堂信息化教学交往得以有效进行的保障。教师的课堂信息化教学交往能力是促进教师有效教学和学生有效学习的重要能力指标。

2. 虚拟信息化教学交往能力是指在虚拟的信息化教学情境中，教师与学生的教学交往能力。信息化教学交往能力，在更多意义上指的是虚拟信息化教学交往能力，在虚拟的学习环境中，师生之间的有效教学交往是保障学生学习顺利开展的前提条件。

在内容上，虚拟信息化教学交往能力，主要包括教师为学生提供虚拟学习环境中的学习支持，监控学生在虚拟学习环境中的学习行为，对学生学习中遇到的各种问题，能够通过虚拟的学习环境提供尽可能的帮助。在形式上，虚拟信息化教学交往能力，主要包括教师与学生个体之间的虚拟信息化教学交往，教师与学生群体之间的虚拟信息化教学交往，学生与学生之间的虚拟对话交流与合作交往等，实现多元化的信息化教学交往。

(四)信息化教学评价能力

教师的信息化教学评价能力，主要是指教师对信息化教学和学生的信息化学习做出合理的价值判断，调适信息化情境中的教学行为，规范指导学生的学习行为，以实现教学过程的优化。信息化教学评价，既关注对教师的教学评价，更强调针对学生的发展和学生整体素质提高的评价；既关注结果的评价，更强调过程的动态评价。信息化教学评价体现出发展的、全面的、多元的、动态的特点。教师的信息化教学评价能力可以分为两类：学生信息化学习的评价能力和教师信息化教学的评价能力。

第五章　高校英语教师的信息化教学能力研究

1. 学生信息化学习的评价能力。信息化社会中的教学评价，既要关注学生个体的发展和个体的差异，同时也要关注信息化情境中学生创造性的学习能力和综合素质的提高；既要关注对学生信息化学习中知识技能的评价，也要关注对学生信息化学习中实践能力发展和情感培养的评价；实现从单一的评价方式向促进学生全面发展的评价方式的转变。学生信息化学习的评价具有很强的导向性，强调以促进学生信息化学习能力的发展、创造性实践能力的提高为评价的主要价值取向。

2. 教师信息化教学的评价能力。关于教师信息化教学能力的评价，关注以促进教师有效教学为目的的教师信息化教学质量评价，是相对注重结果的评价，更加强调以促进教师专业发展为出发点的发展性评价，以帮助教师不断提高自身的教学能力和相关业务水平，实现针对教师信息化教学的过程性动态评价。

（五）信息化协作教学能力

传统意义上的教师协作教学，一般是指教师在备课、教学观摩、教学活动、科学研究等方面的有效协作。信息化社会为教师协作教学提供了可能，拓展和延伸了教师协作教学的能力。

联合国教科文组织《信息和传播技术教师能力标准》在"知识深化办法"模块中，提出"教师应能够运用网络资源来帮助学生开展协作、获取信息和与外部专家进行沟通，以分析和解决特定问题"。就教师的职业发展方面，强调"教师必须具备技能和知识，以创设和管理复杂的项目，并与其他利用网络来获取资料的教师、同事和外部专家合作，促进自身的职业发展。"同时，联合国教科文组织《信息和传播技术教师能力标准》在"知识创造办法"模块中，进一步强调"教师必须能够打造基于信息和传播技术的知识团体，并运用信息和传播技术来支持培养学生的知识创造技能及其持续不断的反思型学习。"对于教师的职业发展，进一步提出了"教师应能够发挥领导作用，训练同事，并建立和执行一个关于其学校的远景：一个以创新和持续学习为基础并因信息和传播技术而更加丰富多彩的社区"。

美国《面向教师的美国国家教育技术标准》（2008年版）中也明确提出，教师应能够"与学生、同事、家长及社区成员合作使用数字化工具和资源，支持学生有效学习和创新能力发展"，应能够"使用各种数字化时代的媒介和方式与学生、家长及同侪就一些信息和想法进行有效沟通"。

信息化社会中，教师需要发展信息化教学协作能力与信息化教学集体智慧，需要利用数字化网络资源与同事、专家合作，打造基于信息和传播技术的集体教学知识和多元化的集体教学能力，以支持学生的有效学习和创新能力的发展，同时促进教师自身的职业发展。有关教师信息化教学协作能力的相关研究，各个国家目前已开始广泛关注，也是当前教师信息化教学能力发展研究的新领域，是各国对教师相关教育技术能力的新要求。

（六）促进学生的信息化学习能力

信息化社会对教师的教学能力提出了新要求，学生相应的学习能力也发生了变化。以往的相关研究注重信息化环境中，教师有效教学能力的提升和对于教师专业发展的促进。目前，人们更多地把研究的问题聚焦于学生的能力发展方面。也就是说，教师教学能力的发展是为了促进学生学习能力的发展，从各个国家的有关教师教育技术能力标准的要求中，能看到这种变化趋势。我们也认为，教师信息化教学能力的发展，是为了促进不同学习风格和策略的学生信息化学习能力的发展。换句话说，虽然关注的是教师的信息化教学能力的发展，但发展这种能力的目的是为了促进学生信息化学习能力的发展。因此，我们在关于教师信息化教学能力的结构图中，将"促进学生信息化学习能力"放在了其他教师信息化教学系列子能力中间，其他子能力的发展是为了促进学生信息化学习能力的发展，是为了促进具有生命活力的人的全面和谐发展。

第三节 教师信息化教学能力的发展策略

一、信息技术作用下的教学走向

人类从工业社会进入信息社会后，机械化、工业化、规模化的教育信息批量生产受到了莫大的冲击，信息技术使教学时空、教学内容、教学资源、教学方式等都发生了巨大变革。

1. 教学时空走向开放

信息化社会中，教学的物理时空得到了拓展和延伸，使教学早已超出了校园的围墙。信息时代的学习，将不仅仅是在课堂与教师面对面的教学中完成（在场式），也可以在不同的学校、不同的地区、不同的国家，或是在地球的任何角落，满足不同的学习者不同的学习需求。学习者可以是"在场式"的学习，也可以是"在线式"的学习，还可以是"在场式"学习与"在线式"学习的有机结合。信息技术作用下的教学时空，已经从封闭走向了开放。

在教学的物理空间延伸的同时，师生的情感空间和心理空间也得到了扩展。传统社会中教师的权威早已被解构，单一课堂教学中的师生关系已经演变为网络虚拟空间中带有各种不同学习需求、来自不同国家与民族的各类学习者之间的情感与心理交融，师生关系也已经包括网络虚拟空间中并未谋面的教师与学生之间的教学交往与交流。同时，教学中的教师，也并非是唯一的教学信息来源。信息化社会的教师协作教学也将变得更为可能与现实，教师教学中的各种协作与交流将更为广泛有效。

2. 教学内容走向仿象

传统课堂中的教学，教学内容呈现的多是文字和语言，虽然也有一些直观生动的教学手段和教学工具，但教学内容的抽象化程度依然较高。而信息技术作用下的教学内容，更具仿象性。教学中大量的图片、声音、动画、视频等多媒体表达元素，使抽象的知识内容变得更加直观具体。事实上，自从出现了专业教师，其教育教学的抽象能力一直在逐步增强。然而，这种抽象事物的能力，要通过更多的形象和直观具体地去表达，从而实现对抽象知识或事物现象的更好理解与认识。从这个角度来看，教师的专业发展既是其抽象事物能力逐步增强的过程，更是其利用多媒体表达手段，形象直观地表达抽象知识和事物现象能力逐步发展与成长的过程。因此，信息技术作用下的教学内容，通过更多的直观形象表达方式，使教学内容从抽象走向了仿象。

3. 教学资源走向统整

信息技术使优质的教学信息资源实现有效共享，教学资源从分散走向了统整。信息的最大特性莫过于其共享性，而信息化社会中，教学信息资源实现了真正意义上的有效共享，体现了学习者获取教育信息资源的便利性和平等性。信息技术作用下统整的教学信息资源，既可以满足不同学习者的学习需求，也有助于改善教师的教学，丰富教师教学信息资源的选择。统整的教育信息资源，使教学信息来源多元化的同时，也促进了教师的信息化教学能力发展，学生的信息化学习能力也得以增强，从而加速了教育教学的信息化发展，推动了整个教育信息化的进程，乃至深化了整个社会的信息化发展。

4. 教学方式走向个性

信息技术作用下的教学方式，使不同学习者的不同学习需求得以真正实现，教学方式从一统走向了个性。传统教学中的共性与个性问题，虽被人们广泛关注，但似乎始终是教学中的"死结"，在传统教学中难以得到有效解决。信息化使教学方式中的共性与个性问题找到了解决的有效途径，使真正的因材施教成为可能。不同的学习者，既可以根据批量化的教育信息资源，实现统一进度的学习，更重要的是，也完全可以根据个性化的学习需求，实现量身定做的"自助式""订单式"学习，使学习更具个人色彩，真正体现学习者的主体地位。学习者可以按照不同的学习兴趣，自由地选择学习时空、学习内容、学习方式等，以满足信息化时代个性化的学习需求。

二、教师信息化教学能力的发展策略

为适应教师专业发展及教师信息化教学能力发展的要求，针对信息化教学能力职前培养和在职培训机构各自为政、内容体系不协调、不衔接，甚至相互重叠、信息化教学能力价值取向严重偏颇、资源配置缺乏合理等一系列问题，推行职前教师信息化教学能力培养与职后信息化教学能力培训一体化，通盘考虑教师的职前培养和在职培训，形成并完善教师信息化教学能力终身发展体系。

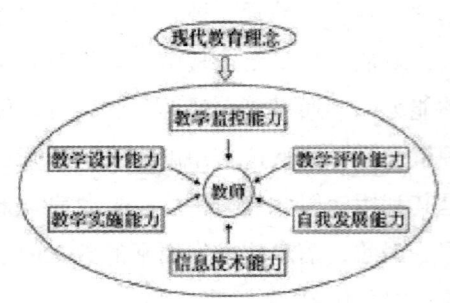

图 5-1　教师信息技术与课程整合能力结构图

（一）教师信息化教学能力发展的特点

教师信息化教学能力的发展，符合能力发展的一般规律，但也有其自身发展的特殊性，教师信息化教学能力的发展是动态的、系统的、有指向的。

1. 教师信息化教学能力发展是动态的

教育的发展和教学的改革，需要教师的不断成长，教师的专业发展也需要教师能力素质的不断提高。作为介入教师信息化教学能力中的教学技术，更是具有发展的时代性。因此，教师信息化教学能力并非固定不变的，而是处于一种动态变化的状态。在不同的历史时期、社会背景、教育背景下，教师信息化教学能力的要求是动态的、变化的、不确定的，但也是有指向的，教师必须适应这种动态变化的不确定性要求。同时教师信息化教学能力的发展也是动态的，这种动态性是教师信息化教学能力不断发展、不断完善、不断提升的过程，也是适应社会变化，不断更新知识和能力素质、追求新知的过程。动态发展的动力既来自学习、教学实践和协作教学等，更直接来自教师信息化教学能力发展的情意和发展的自主性，需要教师具有自主学习、终身学习的意识与能力。

2. 教师信息化教学能力发展是系统的

教师信息化教学能力的发展，绝非是"哪儿有病医哪儿"，也绝非是简单的"查缺补漏"，应该是"源头活水"。

首先，教师信息化教学能力的发展不能仅仅依靠职前的知识技能学习，也不能单一地依靠在职参与的一些能力发展项目。教师信息化教学能力的发展，既有知识技能方面的结构要求，也有其自身能力方面的素质要求，是知识技能与能力素质的一体化发展。

其次，教师信息化教学能力在不同的发展阶段有不同的发展侧重。职前教师的能力发展，更加侧重知识的积累和技能的模仿体验，在职教师的能力发展，更加侧重不同信息化教学情景的能力迁移、融合和具体的信息化教学实践。职前能力发展和在职能力发展既有不同的侧重点，又有发展的一体化紧密衔接。

最后，教师信息化教学能力的发展不仅仅是教师个体的专业化成长，更是关乎学生的成长、教育的发展和社会的发展。教师的信息化是教育信息化的关键环节，教育信息化也是社会信息化的重要组成部分。教师信息化教学能力的发展已经不再是单一的个体内部成长，而是关乎个体外部的诸多关联要素。从教师个体成长到促进学生、教育和社会的发展，体现出了发展的系统性。

3. 教师信息化教学能力发展是有指向的

教师信息化教学能力发展是一个有目的、有指向的过程。从教师信息化教学能力发展的知识结构来看，寻求教师的信息化学科教学法知识是其归宿，而教师整体知识体系的发展指向了教师信息化教学智慧的创造。从教师信息化教学能力发展的能力结构来看，教师自身信息化教学能力的提高、实现教师的专业发展是其归宿，而教师自身能力素质的发展指向了学生信息化学习能力的发展和学生的成长。教师信息化教学能力的知识结构和能力素质发展，都有明确的指向性。

（二）教师信息化教学能力发展的策略选择

教师信息化教学能力发展的促进策略，可以从宏观策略、中观策略、微观策略三方面分析。其中，宏观策略是促进其发展的外部环境条件，中观策略是促进其发展的方法论，微观策略是促进其发展的内部系统和直接条件。

1. 宏观发展策略

宏观层面的教师信息化教学能力发展策略，主要是促进其发展的外部环境条件策略，主要包括社会发展的需求、国家政策的保障、教育改革的引导、学校组织的支持以及教师成长的动力。

（1）社会发展的需求

人类已经从工业时代步入信息时代，信息技术影响和改变着人们的工作、学习和生活方式。现代社会已经是一个高度信息化的社会，信息社会的一个重要特征，就是信息量激增，知识更新周期缩短。教育的信息化是社会信息化的一部分，教师又是教育信息化的重要关键环节。信息技术融入教育领域后，教学的方式、学习的方式、教育信息资源、教学环境以及人们的思维方式等发生了巨大变化。教师要适应信息化社会的发展与变化要求，就必须主动实现其自身角色转型、提升自身的能力素质。也就是说，信息化社会中的教师，既要具有一定的信息素养，还要实现自身角色的转变，更要发展教师的信息化教学能力。

信息化社会需要培养出具有创新精神和实践能力的信息化人才，这就首先需要教师实现自身的信息化发展。应该说，信息化社会呼唤教师的信息化发展，信息化社会中教师的能力，尤其是教师的信息化教学能力，是时代赋予教师的责任与使命。因此，教师信息化教学能力的发展，是信息时代对教师的能力要求，也是信息技术深入渗透教育的发展需要。

信息化社会对教师能力发展的期待，要求教师在学习学科专业知识、懂得一般教学法和学科教学法的同时，还要熟练掌握教学技术的知识与能力。在此基础上，要求发展成为教师的信息化学科知识、信息化教学法知识和信息化学科教学法知识。在信息化教学实践中，逐步生成为教师的信息化教学智慧。从这个意义上来看，教师的教学技术能力是教师信息化教学能力发展的技术基础，教师的信息化教学知识和信息化教学实践是主体，信息化教学智慧是归宿。

（2）国家政策的保障

教育信息化是当今教育发展的潮流与趋势，世界各国都十分重视教育信息化的发展。从专门针对信息化社会中的教育规划、教育改革方案，到教育信息化基础设施、教育信息资源、教师信息技术与能力培训等，从国家政策层面给予教师的信息化发展以支持与保障。相关的研究，前文已经做了具体论述。从教师信息化教学能力发展的策略来看，各国的政策支持与保障，集中体现在相关通用教师教育技术能力标准的颁布与实施、教师相关信息技术能力的国家层面的培训项目支持等方面。

应该说，随着时代的变化发展，各国都在加强开展教师相关信息技术能力培训的同时，不断地调整对教师的相关能力要求。如美国公布的《面向教师的美国国家教育技术标准）》（2008年版）已历经四次修订，新加坡的 Master Plan（简称 MP 项目）规划也是经历三次修订，并于2009年年初公布了最新的 MP 计划。各个国家都随着时代的发展，相继调整自己的教师教育技术能力标准与能力发展项目，这是适应了时代变化的要求。我们所主张的教师信息化教学能力动态发展的观点，也正是基于此。动态变化并非难以确定，而是顺应了时代变化的需要。通用的相关教师教育技术能力的标准，既是对教师相应能力的规范，也是对教师相关能力发展项目的引导。

从国家政策保障的层面来看教师信息化教学能力的发展，既要重视教师教育技术能力中相关教师信息化教学能力的明确要求，动态调整教师相关能力标准的规范，又要重视对教师相关能力的培训、考核与认证。但仅仅这些是远远不够的，国家政策层面应该更加重视教师信息化教学能力发展的经费投入。教师信息化教学能力的发展绝非是依靠单一的相关能力培训就能解决的，培训仅仅是其能力发展阶段的重要促进环节而已。我们一直强调教师信息化教学能力发展的多层面和终身化，尤其是教师的自主学习和教学应用实践的策略，显得更为重要。因此，国家也应该从相关政策上鼓励、支持，并有效保障教师信息化教学应用实践。从世界范围来看，我国无论是在政策保障、政策激励方面，还是在经费投入方面，都存在一些差距。

（3）教育改革的引导

为了适应信息化对教育以及教师能力提出的挑战，培养信息化社会所需的、适应时代要求的高素质人才，各国相继推行了教育教学领域的改革，以适应信息化社会对人才培养的挑战与要求。应该说，教育教学改革在课程体系、实践教学、教学方法策略等方面，已经有了很大的改革与引导。我国在基础教育的相关改革也获得了很大发展，这也直接引导了对教育教学评价的价值取向。

在我国，存在教师教育的改革落后于基础教育课程改革步伐的现象。在教师相关信息技术能力培训中，这种现象尤为突出。从教师信息化教学能力发展的角度分析，美国和新加坡教师信息技术能力培训标准的这种价值取向变化，强调了教师信息化教学能力发展的目的是促进学生信息化学习能力的发展。从这种价值取向的变化看，教师有关信息技术能力的培训，相应的教学评价就不能仅仅局限于教师信息化教学能力的提升，而更应该把相关教师能力标准、教师的相关教学评价以及相关科学研究的目光，及时转向信息化社会中学生的发展。

（4）学校组织的支持

学校是教师教育教学活动的场所，也是教师教学能力发挥的平台。促进教师信息化教学能力发展的所有外部条件中，学校是最直接的促进因素。下面主要从校长的支持、资源的准备、培训的参与、教学的交流等几个方面分析。校长对于学校的发展有一定的驾驭和引导责任，与教师存在着领导与被领导的关系。校长对于教师的信息化教学能力发展的促进策略，集中体现在两个方面：一是校长对教师信息化教学能力的认识。二是校长对教师信息化教学能力的认可。教师信息化教学能力的发展需要来自学校层面的理解、支持、引导、帮助，既包括校长给予教师的精神鼓励，还包括必要时的物质激励手段。校长对教师信息化教学能力的认可，要在学校形成一种能力发展的氛围，这样才会有利于促进教师信息化教学能力的发展。

教师信息化教学能力的发展，需要在一定的信息化教学情景中完成。因此，学校相应的信息化教学基础设施建设和教育信息化资源的设计、开发与准备是必不可少的。学校既要完善基本的教学设施建设，也要加大对信息化教学基础设施的配备力度。

在职教师的相关信息技术应用培训，是教师信息化教学能力发展阶段性促进的重要环节。学校可以鼓励，甚至是有计划地安排教师参与相关的信息技术能力发展项目培训，或专门针对本校学科教师的实际情况，组织教师参与校本培训。在职教师的培训，是促进教师信息化教学能力发展的重要方式和渠道，学校应给予足够的重视与支持。

学校有责任引导、组织学科教师开展信息化教学的研讨、观摩，开展教师间的信息化协作教学，包括信息化教学集体备课、集体讨论、集体教学研究等。学校既可以组织面向本校教师的信息化协作教学交流，也可以利用网络等方式，促进不同学校、不同地区，甚至是不同国家的相关学科教师，开展教学交流与对话。既可以是教师间的协作交流，也可以是教师与学生、教师与专家的交流对话。充分的教学协作与交流，有利于教师信息化教学能力发展的经验共享。

（5）教师成长的动力

教师信息化教学能力的发展，外因是条件，内因是根本，发展的最终内驱力来自教师本身。因此，教师对信息化教学能力的自信心、正确的态度、时间保证、知识的准备等，都是教师信息化能力发展的直接内部促进力量。同时，信息化社会教师的专业成长需要，也直接促进了教师信息化教学能力的发展。

教师信息化教学知识体系和能力素质的发展，是基于教师信息化教学情意的，这种情意是教师态度和自信心生成的直接促进因素。只有教师本人愿意，并在信息化教学能力发展方面有信心，其能力才有可能得以发展。

信息化社会中教师的专业发展，也要求教师信息化教学能力的理性提升。信息技术与教师专业发展的关联，从外部看，信息技术不同程度地促进了教师的专业发展。从内部看，信息技术已不仅仅是教师专业发展中知能结构的一部分，它已经渗透于教师专业发展中知能结构的各方面。

信息化教学能力发展过程中，教师的自主学习贯穿始终。在这个意义上，教师的信息化教学能力发展既是自主的，也是终身的。只有教师对自身信息化教学能力发展有信心，也有兴趣，并愿意为此进行努力，这种能力才会有更大的发展。

2. 中观发展策略

教师信息化教学能力的发展，也需要一定的方式、方法和策略，也就是要有促进其发展的方法论，即教师信息化教学能力发展促进策略的中观层面。在这一层面，促进教师这一能力发展的关键环节是职前培养、教学实践、在职培训、协作交流、自主学习。教师信息化教学能力发展中观层面的促进策略，主要表现在职前培养与在职培训相结合、传统方式与网络在线相结合、技术知识与实践应用相结合、自主学习与协作交流相结合等方面。

（1）职前培养与在职培训相结合

教师信息化教学能力发展是一个系统的过程，发展的过程从静态走向了动态，从封闭走向了开放，从单一走向了多元，从传授走向了协作，实现了从阶段性教师培训到终身能力发展的观念转变。应该说，职前培养与在职培训都是教师信息化教学能力发展的重要促进环节，是不同能力发展阶段的台阶或锚点，不应将其割裂开来，要将职前培养与在职培训紧密衔接。

世界各国对职前教师，也就是对未来教师的培养都很重视，是从教师能力源头上入手的。如美国等一些西方国家，相关教师教育技术能力标准主要针对的是未来教师，而我国则主要针对的是中小学在职教师。职前教师和在职教师在能力发展方面的侧重点不一样。职前教师主要以技术知识、技能的学习和模仿为主，虽然也有一些教学实践环节，如教学实习等，但总体上要以教师信息化教学知识和技能的获得为主。在职教师主要以知识、技能在新情景中的动态应用实践为主，当然也包括一些技术知识、技能的学习。教师信息化教学能力的知识体系，是教师信息化教学能力的基础，而后者又是前者的目的。

（2）传统方式与网络在线相结合

世界各国教师相关信息技术能力发展项目的经验是，在开展面对面的培训的同时，相继开展了网络培训，实现了传统方式与网络在线的有机结合。信息化社会中，获取学习信息资源的渠道已经多元化，教师信息化教学能力发展的知识获取、教学经验分享、教学研讨、协作教学等，都可以通过网络在线的方式来实现，实现与传统方式的有机结合。

（3）技术知识与实践应用相结合

教师信息化教学能力的技术知识，职前教师主要通过系统学习的方式获得，在职教师则主要通过自主学习、参与培训等方式获得。教学技术知识要转变为教学应用能力，就需要重视教师的实践教学环节。职前教师可以在学习中体验模仿，通过积极参与教学实习，强化对技术知识的实践应用转化。在职教师的教学实践，是将所学教学技术知识转化为应用能力的重要环节和有效方式。

（4）自主学习与协作交流相结合

在信息化社会，需要教师既具有自主学习的意识，也具有自主学习的能力，以适应社会发展变化和教师专业成长的需要。自主学习是教师成长的重要动力，教师可以自由选择、自主控制，自主学习贯穿教师专业发展的始终。教师信息化教学能力发展的开放性、动态性、终身性，都需要教师具有自主学习的能力。

信息化社会的教师协作交流，既包括教师同行间的教学交流、教学观摩、教学研讨等，也包括教师与学生、教师与专家的交流对话。信息化社会中，教师既要实现面对面的协作交流，也要发展虚拟的、远距离的、跨时空的协作交流的能力。教师的信息化协作教学，能有效共享集体的知识、经验与智慧，形成教师信息化教学的共同体。

3. 微观发展策略

微观策略是促进教师信息化教学能力发展的内部系统和直接条件。自主学习、教学实践、协作交流，是教师个体促进能力形成与发展的集中体现。微观层面的促进策略，集中体现在教师以自主学习为主的知识积累、以教学实践为主的应用迁移、以协作教学为主的对话交流等方面。

（1）以自主学习为主的知识积累

教师的自主学习是职业发展生涯中必不可少的，是促进教师信息化教学能力可持续发展的基础条件和动力源泉，是教师专业发展的内驱力。教师自主学习的目的就是要实现技术知识积累，促进教学，促进学生的发展。在职前教师学历教育的系统化学习中，需要学习理论知识；在职教师的阶段性培训中，也需要学习理论知识并能够实践应用，以实现教学能力的提升；在教师的协作化教学中，同样需要交流对话、相互学习，共同提高。信息化社会中教师的自主学习，是一个过程，也是一种方式，更是一种能力。自主学习，使教师在信息化教学能力不同发展阶段获得的离散知识更系统化，使信息化社会中教师的专业发展更具动态化、可持续、终身化。因此，教师的信息化教学能力的可持续发展，需要教师实现以自主学习为主的知识积累。

（2）以教学实践为主的应用迁移

教师的信息化教学实践，绝非是简单的技术性教学实践，而是实践中有反思、反思中有智慧。在形式上，教师信息化教学实践似乎仅仅是"躯体的"，但它显然是教师教学技术知识、技能在具体情景中迁移应用的体现，是一种"理论化的实践"。因此，教师要以教学实践为主，在不同的信息化教学情景中，实现信息化教学融合与信息化教学交往，在实践中反思，在反思中成长，最终实现教师信息化教学智慧的生成与创造。

（3）以协作教学为主的对话交流

教师的信息化协作教学能力，是其信息化教学能力的重要子能力。协作化教学能力，集中体现在教学观摩、教学研讨、协作交流、协作科研等方面，有利于促进教师信息化教学能力的整体提升与发展。帕尔默指出，"任何行业的成长都依赖于它的参与者分享经验和进行诚实的对话，同事的共同体中有着丰富的教师成长所需要的资源。"

教师的信息化协作教学，能实现教师间的相互交流、相互促进、相互提高，有助于教学经验交流、教学资源共享，有利于促进教师信息化教学能力的发展。教师的信息化协作教学能力，既包括教师间的协作交流，也包括教师与专家、教师与学生的交流对话等；不仅仅是指面对面的交流对话，更突出信息化环境中的协作教学与对话交流。信息化社会中，强调教师以协作教学为主的对话交流的发展策略，则更具发展的时代性。

第四节　信息技术与英语教学整合过程中的大学英语教师

目前信息技术与英语教学整合受到越来越多的关注，但在整合实践中，也出现了各种各样的问题。①思想上、组织上、管理上面临挑战；②软、硬件建设发展不协调；③培养英语教师的母体——高校英语专业在多媒体教学实践中发展缓慢；④理念、手段、方法之间还存在不匹配、不协调、不成体系等问题。（庄智象，2004）"教师自身的信息化教学技术能力低下而成为制约英语信息化教学的瓶颈问题"，在第二届中国英语教学法国际研讨会上，"多媒体教学模式中的教师角色定位"等问题引起了大家的关注。（蔡基刚，2006）顾佩娅在访谈中指出在计算机辅助教学环境中，教师角色、教学互动等问题尚需解决。本节拟对信息技术与英语教学整合中的教师角色定位及出现问题等情况进行探讨分析。

一、信息技术与英语教学整合过程中的教师技能分析

（一）信息技术与英语课程整合过程中的教师角色定位

目前信息技术与英语课程整合正处于探索、研究阶段，是在传统课堂基础上"以课堂教学与在校园网上运行的英语教学软件相结合的教学模式为主要发展方向"（祝智庭，2002）进行的。北京师范大学现代教育技术研究所的何克抗教授（2000）指出，"整合"的实质是变革传统的教学结构，改变"以教师为中心"的教学结构，创建新型的、既能发挥教师主导作用又能充分体现学生主体地位的"教师主导—学生主体相结合"教学结构。可见，在信息技术与课程整合中，教师不再是传统教学课堂上的核心和控制者，而是以学

生为中心的意义建构协助者、合作者、导引者，是学生良好情操的培育者。

全球范围内对英语教师角色期待的调查显示：①知识来源（source of knowledge）占46.4%；②管理角色（managing roles）占35.7%；③建议来源（source of advice）占53.5%；④学习促进者（facilitator of learning）占64.2%；⑤分享角色（sharing roles）占17.8%；⑥关心角色（caring roles）占25%；⑦课堂气氛创造者（classroom atmosphere creator）占14.2%；⑧评估者（evaluator）占10.7%；⑨行为和勤奋工作示范者（example of behavior and hard work）占3.5%。通过以上数据，可以看出大部分英语教师认为，在英语课堂上，教师应扮演学习促进者、学习建议提供者的角色。（钟启泉，1999）

Barnes（1976）和 Wright（1987）认为，教师应是促进者、施助者、合作者、咨询者、顾问、提出建议者、无所不知者和提供资源者。Volley（1997）将教师角色归纳定位为促进者（facilitator）、咨询者（counselor）和提供资源者（resource）。Volley 从专业和社会心理方面详细描述了教师的作用和特性。从专业方面看，教师的主要特点是通过分析需求（语言和学习的需求）、目标（短期和长期的）、学习计划、选材和组织互动，帮助学习者计划并实施他们独立的语言学习；帮助学习者学会自我评价；帮助学习者为完成上述任务获得所需的技能和知识。从社会心理角度看教师应具备的特点是促进者的特点（关心、帮助、耐心、宽容、同情、开放）；激发学习者的能力（鼓励赞扬、消疑解惑、帮助学习者克服困难、随时可以和学习者对话、避免操纵干预控制学习者，帮助学习者提高自主学习意识的能力。

从国内和国外的对教师角色的研究可以看出，教师的角色与作用同以往的传统意义上的教师角色与作用不同，信息技术与课程整合对教师提出了更高的要求，整合中的教师从单一职责的知识传授者转变为一个集学习导引者、学习促进者、学习协作者、提供资源者和课堂管理者等多元角色于一身的教育者。（吴林富，2006）

（二）整合过程中教师角色定位出现的问题

1. 教师作为引导者、促进者出现的问题

在以学生为主体的教学结构中，一些对新型教学结构掌握不好的教师片面理解为以学生为主体的自主性学习活动，而忽略教师的导引、协作角色作用，弱化了教师的作用，出现了学习主体绝对化倾向；教学管理弱化，重活动形式、轻活动效果等问题。

在整合的课堂上，学生是知识的主动建构者和运用者，教师则是引导者和帮助者，而自主性学习活动恰恰能体现以学生为主体的教学理念。但在实施这一教学活动时，教师作为导引者、促进者角色定位存在一些问题，过分强调师生分离，把所有的教学活动都交由学生自己完成，既没有师生间的互动，也没有教师的导引、监控，更谈不上帮助学生解决学习内容、学习策略方面遇到的困难和问题。教师把学生自主学习看作学生自学，在学生学习过程中，教师没有指导、监测学生学习；在学生学习结束后，教师也不对学生学习效果进行检查，可以说教师的作用已经用计算机来代替了。（徐明成，2008）

其实自主学习不等同于学生的自学,自主不等同于自由,否则自主就成为无序的代名词了。课堂上对学生放任自流学习的现象恰恰说明了 Thavenius 所指出的问题,发展学生自主学习需要教师发挥更大的作用,而这是许多教师没有意识到的;教师的作用是计算机无法替代的,认为计算机可替代教师的说法也早已受到了批评,并且"计算机辅助英语教学资源与富有经验的教师相比是绝对有限的"(Morrison,2005)。

课堂上的自主学习要在教师指导(teacher guided)下进行,教师应在课堂上担负起指导、监控学生自主学习的责任,确切地说,学生进行的是指导性自主学习。Littler 指出:"自主不是自我指导的同义词;在教室环境下,自主并不是摒弃教师的责任。"White wright 认为学生在自主性学习或进行讨论、协作学习时,教师对学生活动不负责任是"专业性的不负责任"。"不负责任"并不意味着对学生放任不管,教师实际上是放松了对学生的控制程度。如果教师对学生的学习一味放松,那么学习程度不一、具备不同自主学习能力的学生对参与这类学习活动的认识和参与程度会出现较大差异,也会给学习活动形式,甚至学习内容带来不利影响,从而导致不同学习者学习效果的严重差异。课堂上,自主学习能力强、学习程度较好的学生会进行有效的学习甚至垄断交际活动;而自主学习能力差的学生因失去教师的有效的、适当的控制,只是形式上进行了学习或自我放纵不学习。可见,课堂上"学生学习过程得到严密监控和细致指导是成功教学的标志之一"(Chapelle,2001)。

Littlewood 认为在教师指导介入下的自主学习对东方学生可能更有效果,这说明学生学习英语依赖教师指导的客观事实。众所周知,学生学习在一定程度上是有意识的控制行为,有意识的控制行为最终来源于学生的自觉意识,而学生学习的自觉意识要靠教师有意识地引导和培养,学生学习的盲目性、随意性要靠教师来帮助克服,学习中的困难也应由教师来帮助解决。因此,在整合中学生在学习方面被赋予自主性并不意味着教师变得多余了;相反,由于学生的学习自主性是一个需培养、完善的动态发展过程,在不同学习阶段学生离不开教师对他们进步的肯定和不足的帮助,离不开教师的引导、促进和强化。

2. 教师作为意义建构协助者、学习资源提供者出现的问题

在过去的以教师为主体的教学结构中,教师是知识的传授者,是主动的施教者,是教学的绝对主导者。而在整合后的教学结构中,教师要对学生及其学习过程中的教学内容及教学媒体进行指导和把握;教师要根据学生的特点选择、设计特定的教学内容、教学媒体和交流方式呈现、提供给学生,因此,教师是学生意义建构的协作者、学习资源的提供者。

在张海森等进行的实证研究中,揭示了学生期待教师能够为他们创造一种良好的学习环境,这种环境包括为学生制定适当的学习目标、提供丰富的学习资源及能够使自主学习在课后延伸下去的后续支援学习材料及学习活动等。

在实际的整合课堂上,作为意义建构协助者、提供资源者的教师在设计课堂教学任务时,对学生的实际水平估计过高或估计过低,所提供的学习内容难易度与学生实际水平不符,没有很好地控制学习任务的有效性。教师没有给予完成任务有困难的学生个体特别的

指导，没有注意到学习个体的不同造成的学习差异，具体体现在练习和试题的设计没有层次和梯度的变化。（徐明成，2008）

根据Henson和Eller的"最近发展区理论"，我们知道最近发展区是指比儿童现有知识技能略高出一个层次、经他人协助后可达到的水平。依据这一理论，教师在设计学习任务时应考虑到学生的实际水平和具体情况，设定合理的学习目标，不能太难也不可过易，过难容易使学生产生畏难情绪，放弃学习；过易则易使学生学习没有动力，挫伤学生的学习积极性，同样不利于学生学习。学生依据自己的实际情况选择适合自己的学习任务，通过完成难度略高于自己实际水平的学习任务，达到学习目的，获得成就感，增强自信心，保持继续学习的热情，提高语言学习效果。

教师通过筛选后提供的资料应达到能控制课堂信息量、控制课程难度，体现如元认知策略、社交策略、情感策略、认知策略、记忆等策略的培养。（何克抗，2002）

教师作为意义建构协助者、学习资源提供者的角色不仅体现在整合课堂上，还应体现在整合课堂后的学生自主学习的后续活动中。在这方面也出现了一些问题，如教师教育资源时提供仅仅停留在以教师展示型为主，较少考虑研究性学习专题资源；课件或专题网页学习任务仅仅围绕课堂教学内容，没有提供拓展性的学习内容，没有提供适量的开放性文本资料，没有考虑学生的可持续性学习需求，不具备课外延伸性，没有为学生学习个性化发展所需语言技能提供充分生长空间，没有做到如Knowles所建议的"计算机应做教师不能做的事以丰富学生的学习经验"（Bork，1987）。

信息技术与英语课程整合还处于探索研究阶段，教师的角色与作用已发生了很大改变，如何使教师在整合中准确定位自己的角色、发挥自己应有的作用是每个教师在教学实践中要考虑的问题。只有在实践中不断探索、逐步完善信息技术与英语课程整合模式，才能使信息技术与英语学科教学整合得越来越科学、越来越有效，从而推动英语教学的良性发展。

二、英语信息化教学中的教师信息素养

以现代信息技术为支撑的大学英语教学模式已成为必然趋势。"硬件"的大量投资和"软件"的优化建设为英语信息化教学提供了丰富的物质资源，可是使这些软硬件资源充分发挥效能、促使英语课程和现代化网络技术有机整合的关键因素是教师，而大学英语教学教师的信息素养更是关键中的关键，是英语信息化教学"人件"建设的核心。

（一）教师在英语信息化教学改革中的关键作用

近年来，中国已经成为"英语教学的超级大国"（尚玉昌，2003）。面对庞大的学习群体，几十人的英语课堂仅靠一个教师教的局面已经不能满足需要，传统的英语教学模式已经力不从心。大学英语教学模式已经到了非改不可的关头。对于此，教育部提出要利用现代信息化手段与技术来改变人才培养模式，开展自主性学习、研究性学习。《大学英语课程教学要求》也提出要建立基于计算机和网络技术的大学英语教学新模式，大力改革大学公共

英语教学。经过初步实践，众多院校不仅已就深化计算机网络环境下英语教学的改革达成了共识，而且已经基本构建了英语信息化教学所必备的硬件设施和软件资源。这些硬件和软件的投资确实在支持学习和教学方面发挥了很大的作用。可是，任何一个改革都不可能一蹴而就，大学英语网络教学的改革在新旧模式交替过程中也会出现一些问题。单从教师这个角度出发，突出的问题就表现在教师一方面受大学英语四六级考试压力的影响，对这种新的教学模式既无时间也无精力去深入探索，从而淡化英语信息化教学意识；另一方面受繁重的教学任务的制约，缺乏必要的多媒体网络技术知识，自然也就缺乏驾驭网络教学的能力，致使英语信息化教学收效甚微。

技术是教育中的工具性要素，技术只有为人所用才能转化为现实的教育"生产力"。脱离了人这一决定性要素谈改革，改革就是无本之木、无源之水。所以，"人件"建设的步伐不应滞后于硬件的投资和软件的开发。"人件"建设的重要性不亚于硬件和软件。"道路"（硬件）修好了，"车辆"（软件）也配置了，而要把"货物"（教学资源）运送到"客户"（学生）手中的"司机"（教师）是该过程中的决定性因素。"司机"的驾驶技术和货物装配组织能力是关键，另外，司机的清醒意识也不可忽视。英语教师就是信息通信技术和英语学科有机整合之路的"司机"。司机必须具备根据货物的质和量，结合自己所拥有的车辆的性能、道路的特点、客户的要求，成功、有效地完成货物运输。同样，教师也必须根据本学科、本课程的性质，结合自己学校实际能提供的硬件设施和软件资源，分析本校学生的学习需求，成功、有效地完成教学。而"人件"建设的核心不仅是技术管理员队伍建设，更重要的是网络英语教师队伍建设。因为大学英语教学改革是由英语教师进行的教学改革，不是计算机教师的教学改革。英语教师不可能置身事外。所以，英语教师必须把计算机网络技术和课程有机整合，才能使资源物尽其用。（张文兰，2005）

另外，教师在现行大学英语教学改革中的关键作用是由教师在改革中的地位和角色所决定的。"在新教学模式中（教师、学生、教材及教学方法在现代信息技术环境下新的有效组合），教师仍起着一个主导作用。"（陈坚林，2004）这种主导作用体现在教师作为学习的引导者、设计者、促进者和管理者的角色中，即教师首先需要体验如何利用计算机网络的优势去获取新知识，从而引导学生利用这个过程构建自己的知识体系（引导者）；教师有了计算机和课程整合的教学体验后，就能利用计算机网络的优势，结合学生的学习特点设计和创造整合课程的学习环境（设计者）；同时根据自己的体验提供给学生一个资源丰富的学习环境，指导其下一步的学习活动，同时以问题激发学生思维，并为学生的学习活动过程提供示范或描述解决问题的步骤（促进者）。此外，教师还要协调解决在网络学习过程中出现的突发问题，完善教学过程（管理者）。（陈坚林，2000）由此可以看出，英语教师的这种主导作用要求教师首先必须更新教学理念、具备一定的信息能力，同时还要将这些新的教学理念和信息能力融入课程教学原则和教学艺术中。也就是说，在英语信息化教学模式的取向中，英语教师应具备较高的信息素养，培养英语网络教学的驾驭能力，才能满足新教学模式的需要。教师的信息素养是英语信息化教学中"人件"建设关键的核心，是课程与技术整合的关键，是为时下进行的改革提供强有力的人力资源保障的关键，"是大学英语教学改革成功与否的关键，也是学科长远发展的关键"（束定芳，2004）。

既然网络英语教师的信息素养如此重要，那么大学网络英语教师的信息素养的内涵及其现状又如何呢？

（二）大学英语教师的信息素养内涵及现状

1. 大学英语老师的信息素养

"信息素养"这个名词是美国信息产业协会（ILA）主席 Paul Zurkowski 于 1974 年提出来的。他认为信息素养是利用大量的信息及主要信息源使问题得到解答的技术和技能。1979 年美国信息产业协会将信息素养解释为，人们知道在解决问题时利用信息的技术和技能。美国信息专家 Paterieia Brevier 认为：信息素养是一种了解信息系统并能鉴别信息的价值、选择获取信息的最佳渠道，掌握获取和存储信息的基本技能，如数据库、电子表格软件、文字处理等技能。美国图书馆协会把信息素养解释为："具有信息素养的人，能够认识到何时需要信息，并拥有寻找、评价和有效利用所需信息的能力……，从根本意义上说，具有信息素养的人是那些知道如何进行学习的人。他们知道如何学习，是因为他们知道知识是如何组织的，如何去寻找信息，并如何去利用信息，以至其他人可以向他们学习，他们已经为终身学习做好了准备"。（王守仁，2008）目前国内外有关信息素养这一概念尚无统一的、标准的定义。较为成熟科学的释义为：在各种信息交叉渗透、技术高度发展的社会中，人们所应具备的信息处理所需的实际技能和对信息进行筛选、鉴别和使用的能力。

综上所述，大学英语教师的信息素养应该包括信息意识（information awareness）、信息知识（information knowledge）、信息能力（information competence）、信息和课程整合能力（integration competence）及信息伦理（information ethic，即信息安全和信息道德）五个方面。

（1）信息意识

教师的信息意识是教师信息素养的一个重要内容，是人们在信息活动中产生的认识、观念和需求的总和。指的是教师对信息的敏感度，这要求教师具有敏锐的感受力和持久的注意力，能够意识到信息的作用，对信息有积极的内在需求。教师在进行信息技术与课程整合时，只有敏感于信息，具备强烈的信息意识，才会积极主动地挖掘信息、搜集、利用信息，丰富自身的知识。它是教师丰富信息知识、提高信息能力、形成信息意向、完善信息素养的前提条件，同时更是教师进行信息技术与课程整合的前提条件。

（2）信息知识

信息知识是指与信息有关的理论知识和方法。信息知识是信息素养的重要组成部分。在信息时代，信息知识包括关于信息的基本知识。例如，信息的理论知识，对信息和信息化的性质、信息化社会及其对人类影响的认识和理解，信息的方法和原则等；还包括现代信息技术知识，如信息技术的原理、软硬件的知识、信息技术的作用及信息技术的发展和

未来等。所有这些基本的信息知识，作为教师，都需要有一定程度的了解并且不断地学习。（钟志贤，2006）

（3）信息能力

信息能力是整个信息素养的核心，指的是教师对信息系统的使用以及获取、分析、加工、评价信息并创造新信息、传递信息的能力。教师应具备：①基本信息素养，即计算机基本技能，教师必须掌握 Word 文字处理、Excel 电子表格及一些常用应用软件的安装和使用，并能熟练应用计算机处理学生考试成绩、编写测验试题等；②多媒体素养，信息时代为教学提供了丰富的媒体，为提高教育教学质量，教师应根据不同的学科特点和教育对象，围绕教学目标、授课内容选择和使用不同的媒体，进而制作多媒体教学课件；③网络素养，网络时代的教师应具有网络基本知识和素养，教师应当掌握计算机网络的一般原理，学会利用网络搜索数据、传输文件和网络交互式教学，能利用电子邮件与同行或学生进行交流，利用电子公告牌或自己制作的网站（页）发布自己的认识和观点。（徐明成，2008）

（4）信息和课程整合能力

信息和课程整合能力是信息素养的目的，指的是教师根据课程特点，依据一定的教学原则，因地制宜、根据需要利用必要的媒体来设计符合教学实际的教学活动，完成教学任务，提高教学效果的能力。把信息技术和不同媒体优化组合，将信息技术有机融入学科教学过程，才能真正发挥信息技术的作用，从而提高教育教学质量。

（5）信息伦理

信息伦理指信息安全和信息道德两方面的内容。信息伦理把握教师信息素养的方向，指的是教师在获取、利用、加工和传播信息的过程中必须遵守一定的伦理规范，不得危害社会或侵犯他人的合法权益。同时，还要了解信息安全、防范计算机病毒和抵制计算机犯罪的常识。信息技术与课程整合背景下教师的信息道德特别指教师在信息技术与课程整合中要保证教学内容的科学性和对他人劳动成果的尊重及知识产权的保护。这是当前教师的信息道德中的重要内容。（赵建华，2006）

以上五个方面既相互独立又相互关联，一般来说，信息技能的提升是信息意识增强的结果，同时它又促进信息意识的增强，信息技能的提升通常有助于信息安全的发展，而信息安全意识的提高又必然促进信息技能的发展。

2. 大学英语教师信息素养存在的问题

目前大学英语教师信息素养存在以下问题：

（1）意识层面。通过调查发现，仍有半数以上教师对计算机网络技术应用于大学英语教学的重要性认识不足，认为这种教学模式的效果一般、可有可无或效果不好不应该大面积推广。本课题组还通过和同行朋友网络聊天进一步了解到，这些教师有的持忧虑、怀疑甚至排斥的态度，担心大学英语网络教学全面铺开以后，机器会代替教师而面临失业，因而担心教师的作用会被削弱。抑或担心实施信息化教学模式稍有不慎就会影响四、六级考试通过率，责任重大。还有一些教师因自身的计算机能力较低而对信息技术与课程教学的整合缺乏信心，有的甚至有"计算机恐惧症"。他们害怕由于自己的误操作而中断教学，或由于无法处理设备的软件故障而使其在学生面前尴尬难堪，所以常常对信息技术产生逆反心理。另外，将信息技术整合于课程教学所需的大量时间和精力使不少教师对此不感兴趣。

（2）技术层面。目前大学英语教师中只有少部分人的计算机网络知识能完全满足英语信息化教学的需要，而大部分教师的计算机网络技术需要提高。所以英语信息化教学人才的缺乏制约了英语信息化教学的普及和多层次、多形式、多规格的发展。

（3）英语信息化教学法理论知识层面。只有极少数教师在英语信息化教学中能根据课程的需要，就已获取的信息进行整合分析后合理地设计教学方案和任务，有效地管理学生学习过程，对学生的网上学习行为进行合理评价和分析。也就是说，大部分可以教师对教学过程中如何有效利用信息技术来进行课堂教学整体设计的能力还是很欠缺的。由此看出，大部分教师的英语信息化教学法知识很欠缺，需要系统地学习技术和课程有效整合的理论知识。通过网络聊天还进一步了解到，虽说许多教师参加过学校组织的计算机技术培训，但也只局限于计算机基本操作能力，对计算机用于教学方面的知识却少有涉及。另外，许多教师反映，在新的教学模式下，原有的课程教学原则、教学方案设计理论等都需要做一些调整和变化，可是如何调整才能使信息技术为课程服务确实是摆在许多英语教师面前的难题。

目前大学英语教师的信息素养仍然是大学英语信息化教学有效开展的瓶颈。在信息技术日益与教学融合的今天，教师个人必须注重自身信息素养的提高，才能提高自身的专业能力。教育行政管理部门在推行大学英语信息化教学的过程中，也应该采取各种各样的措施来加强教师的师资队伍建设。

（三）大学英语教师信息素养的培养

1. 顺应新环境、更新观念、增强教师信息意识

要突破高校英语信息化教学，观念更新比教学设备更新更重要。改变传统的思想观念是培养教师信息素养的基础和关键。所以，提高大学英语教师的信息化教学技术能力，首先要使广大教师从思想上认识到提高自身信息素质的重要性、紧迫性和责任感，能自觉、主动地加强学习与实践，不断提高自己认识、掌握并创新地将信息技术运用于语言教学的能力。（庄智象，2004）

2. 积极进行师资培训、帮助教师提高信息能力

人才缺乏制约了网络英语教学的普及和多层次、多形式、多规格的发展。目前开展英语信息化教学的人才大致有两类：一是技术专家；二是语言专家。懂技术的语言不过关，懂语言的技术不过关。一个真正的英语信息化教学专家应当是网络技术专家和语言专家，而且首先应当是语言专家。所以，大学英语信息化教学首先要解决的是英语人才的技术问

题,而不是计算机人才的英语问题。因此要通过有效的培训提高英语教师的信息能力。

(1)要加强在职教师信息素养的继续教育。学校要通过有效的师资培训方案的实施,帮助现高校英语教师掌握信息技术的应用技能,使他们成为运用现代教育信息技术辅助英语教学的主力军,使高校英语课堂教学成为网络教学的主战场,使广大学生成为网络教学的最大受益者。由于教师本身要从事教育教学工作,不可能有太多的专门时间来培训信息素质,因此在对教师进行信息素质的培养时应坚持以在岗学习、业余学习为主。与此同时,学校还应组织专门的在职培训,组织教师到有条件的高等学校进行短期培训,借助学校的计算机中心组织教师进行校内的信息素养培训活动,包括学校利用寒暑假或双休日组织的信息技术培训、信息技术与课程整合的教学观摩或教学研究等。教师也可以通过网络、阅读等途径进行信息技术相关知识的学习,自我提高信息素养。

(2)做好新教师现代信息技术教育的培训。随着学校规模的扩大和学生人数的增加,对新教师的需求量也相应增大。师范院校及英语院校也可调整目前的课程设置和教学内容,开设相关课程,使这部分人走上教师岗位后能以点带面,带动整个教师队伍的信息能力。

(3)建立相应的评价和管理模式。学校可以建立相应的信息化教学的评价和激励机制,提高教师在教学中使用新技术的积极性。对在教学中积极采用现代信息技术的教师给予奖励。同时,把信息能力作为教师考核的一项内容,或者举行课程信息化技术比赛、课件制作比赛,采用优秀课堂评奖等形式,增加教师的参与意识,从而提高教师的信息能力。(钟丞贤,1999)

3. 加强英语信息化教学的理论与实践探索、提高教师技术和课程整合能力

教师要积极地探索信息化背景下的英语教学设计、教学模式、教学管理模式、教学评估体系、学习模式与评价等。应当看到,技术本身并不是解决一切英语教学问题的万能药。

信息技术只能成为解决问题的部分答案,它无法替代教学艺术,要使它们发挥最大潜力,关键还在于教师是否能够根据教育原则做出正确的决策。教师要遵从语言学习理论和教育学原则,恰如其分地运用技术,方可优化课堂教学,提高学生学习效率。

在信息技术与课程教学整合方面,教师应明确信息技术在语言教学中的优越性和局限性,不能"唯网至上"。要合理地设计'教学活动,有效地实施教学方案,将信息技术灵活多样地整合于教学活动中,促进学生的研究性、创造性和自主性学习活动,并且有效管理基于信息技术环境下的学习活动,还能利用信息技术,通过多种测评系统收集、分析、解释和管理数据.对信息技术环境下的教学过程和学习活动进行有效、合理的评价。(赵建华,2006)

目前许多学校对教师进行的现代教育技术培训主要侧重于计算机技术本身,认为教师只要掌握了计算机技术,便能自然而然将其运用于语言教学中。而实践证明,这是一种错误的假设。真正科学的培训强调信息技术与教学实际相结合,突出信息技术的教育应用,

第五章 高校英语教师的信息化教学能力研究

培训重点是技术在课程和教学中的整合，而不是技术本身。（钟启泉，1999）所以师资培训机构或语言教育研究机构也可开展一些网络英语教学法的研讨，侧重培训教师应用计算机进行课堂教学的能力，而不单单培训教师的计算机技能。

　　随着信息化时代的到来，网络技术、多媒体技术为高教领域带来一场新的革命，使获取信息、处理信息、传播信息能力成为21世纪高校教师必备能力。高校教师正面临着深层次的改革：更新教育观念，提高教育技术，探索新的教学模式，提高教学效率和效益。这就要求高校教师尽快从传统教学模式中走出来，而大学英语教学改革实际上是对教师的教学意识和素质的改革。只有具备了一支高素质的教师队伍，才谈得上建立教学模式，去实验、去交流、去推广，才能把教学改革推向纵深发展，使学生成为最大的受益者。人件建设的步伐应该先于硬件和软件建设，有"路"无"车"、有"车"无"货"、有"车"有"路"无"司机"都会造成资源的大量浪费。英语教师队伍是网络教学改革中人件建设的核心内容，教师的信息素养是将信息技术充分有效地融入课程教学原则、推动教学改革纵深发展的关键。教师主观意识的转变和客观培训条件的创造都是至关重要的。作为教师只有在教育观念上跟上时代的发展、在教学过程中明确自己的职责、在教育发展中加强自身信息素养的提高和发展，才能成为具备较高信息素养的现代化学者型教师。（钟肩泉，1999）

第六章　高校英语信息化教学方法研究

随着教育信息化水平的不断提高，在教学中有效地应用信息技术手段开展教学已成为必然。对于教师来说，在信息化教学中必定要利用信息化教学工具与手段开展教学，同时也要根据具体的教学情况选择适合具体学科、具体内容的教学方法，只有这样才能更好地提高教学质量，实现教学最优化。然而面对众多教学方法，在信息化教学中，教师只有对这些基本的信息化教学方法真正地掌握才能达到我们所要追求的目标，这就需要教师对其特征、步骤、应用范围、应用条件、各自优势做深入了解和探讨，才能有效地应用学科教学中去。

第一节　教学方法概述

一、教学方法的定义

1. 定义

教学方法是教育者和学习者为了完成一定的教学目标和任务，运用一定的教学方式和教学手段而形成的教与学的活动途径和步骤。由于时代、社会背景、文化氛围的不同，研究者研究问题的角度和侧面的差异，使中外不同时期的教学理论研究者对"教学方法"概念的解说不尽相同。国内外学者对教学方法有不同的解释，归纳起来大致有三个角度。第一，从广义或宏观的角度，把教学方法看作教学活动方式的总和。如"教学方法是指教师和学生在教学过程中，为达到一定的教学目的，根据特定的教学内容，共同进行一系列活动的方法、方式、步骤、手段和技术的总和"。第二，从行为动作的角度，把教学方法看作教师和学生的行为方式或工作方式。如"任何教学方法都是教师的一整套有目的的动作，教师通过这些动作组织学生进行认识活动和实践活动，使学生掌握教学内容，从而达到教学目的"。第三，从媒体或材料应用的角度达到教学目的，把教学方法看作是应用媒体进行教学的方法。如"教学方法是教师为达到教学目的而组织和使用教学技术、教材、教具和教学辅助材料，以促进学生按照要求进行学习的方法"。

2. 教学方法的内在本质特征

教学方法是教学过程中教师与学生为实现教学目的和教学任务要求，在教学活动中所采取的行为方式的总称。教学方法的内在本质特点：首先，教学方法体现了特定的教育和教学的价值观念，它指向实现特定的教学目标要求。其次，教学方法受到特定的教学内容的制约。最后，教学方法要受到具体的教学组织形式的影响和制约。

3. 教学方法的理解

对教学方法可以从以下几个方面来理解。

（1）从方法论角度来看：教学方法是指具体应用的方法，从属于教学方法论，是教学方法论的一个层面。教学方法论由教学方法指导思想、基本方法、具体方法和教学方式四个层面组成。教学方法包括教师教的方法（教授法）和学生学的方法（学习方法）两大方面，是教授方法与学习方法的统一。教授法必须依据学习法，否则便会因缺乏针对性和可行性而不能有效地达到预期的目的。但由于教师在教学过程中处于主导地位，所以在教法与学法中，教法处于主导地位。

（2）与教学方法密切相关的概念来看：教学方式和教学手段是构成教学方法的要素，不能将它们等同于教学方法，也不可将教学模式与教学方法混为一谈，一种教学模式是由多种教学方法组成的。教学方法必须依据一定的教学理论，指向一定的目标，应用具体可操作的程序或一系列可操作的环节，解决一定的问题。

教学方法与教学方式：一方面，教学方法不同于教学方式，但与教学方式有着密切的联系。教学方式是构成教学方法的细节，是运用各种教学方法的技术。任何一种教学方法都由一系列的教学方式组成，可以分解为多种教学方式。另一方面，教学方法是一连串有目的的活动，能独立完成某项教学任务，而教学方式只被运用于教学方法中，并为促成教学方法所要完成的教学任务服务，其本身不能完成一项教学任务。

教学方法与教学模式：教学模式是在一定教学思想指导下建立起来的为完成某一教学课题而运用的比较稳定的教学方法的程序及策略体系，它由若干个有固定程序的教学方法组成。每种教学模式都有自己的指导思想，具有独特的功能。它们对教学方法的运用，对教学实践的发展有很大影响。现代教学中最有代表性的教学模式是传授—接受模式和问题—发现模式。

（3）从教学方法间的共性来看：教学方法虽然有着不同的界定，但它们之间有着一定的共性：教学方法要服务于教学目的和教学任务的要求；教学方法是师生双方共同完成教学活动内容的手段；教学方法是教学活动中师生双方行为体系。

二、教学方法的分类

古今中外的教学方法的确五花八门、名目繁多，对教学方法的分类也是众说纷纭、莫衷一是。因此，有必要将其进行分类，以便更好地分析、认识它们，掌握它们各自的特点、起作用的范围和条件,以及它们发展运动的规律。其实进行教学方法的分类就是把多种多样的各种教学方法,按照一定的规则或标准,将它们归属为一个有内在联系的体系。

1. 不同学者对教学方法的分类

巴班斯基依据对人活动的认识,认为教学活动包括三种成分,即知识信息活动的组织、个人活动的调整和活动过程的随机检查。把教学划分为三大类:第一大类组织和自我组织学习认识活动的方法;第二大类激发学习和形成学习动机的方法;第三大类检查和自我检查教学效果的方法。威斯顿和格兰顿依据教师与学生交流的媒介和手段,把教学方法分为四大类:教师中心的方法,主要包括讲授、提问、论证等方法;相互作用的方法,包括全班讨论、小组讨论、同伴教学、小组设计等方法;个体化的方法,如程序教学、单元教学、独立设计、计算机教学等;实践的方法,包括现场和临床教学、实验室学习、角色扮演、模拟和游戏、练习等方法。我国学者李秉德教授按照教学方法的外部形态,以及相对应的这种形态下学生认识活动的特点,把中国的中小学教学活动中常用的教学方法分为五类:第一类以语言传递信息为主的方法,包括讲授法、谈话法、讨论法和读书指导法等;第二类以直接感知为主的方法,包括演示法和参观法等;第三类以实际训练为主的方法,包括练习法、实验法和实习作业法。第四类以欣赏活动为主的教学方法,包括陶冶法等;第五类以引导探究为主的方法,如发现法和探究法等。

2. 我国常用教学方法分类

目前,我国中小学常用的教学方法常以学生认识活动的不同形态作为标准,将教学方法分为以下几种:

(1)以语言传递为主,获得间接经验的教学方法,如讲授法、谈话法、讨论法、读书指导法等;通过直观演示,获得直接经验的教学方法,如演示法、参观法、现场教学法等。

(2)以实际训练为主,形成技能技巧的教学方法,如练习法、实习法、实验法等。

(3)以欣赏活动为主,获得情感态度技能的教学方法,如情境陶冶法。

这些教学方法之所以经常被采用,主要是因为它们都有极其重要的使用价值,对提高教学质量具有特定的功效。但任何教学方法都不是万能的,它需要教者必须切实把握各种常用教学方法的特点、作用、适用范围和条件,以及应注意的问题等,使其在教学实践中有效地发挥作用。

三、教学方法选择的基本标准与运用

1. 教学方法选择的基本标准

教学有法,但无定法,贵在得法。教学方法是连接师生双方的桥梁。从过去到现在,从传统到现代,人们创立了各式各样的教学方法。任何教学方法,都是为实现教学目的服务的。教学方法与教学目的、教材内容、教学对象,有着内在联系。运用教学方法,实际上就是把教师、学生、教材内容有效地连接起来,使这些基本因素有效地发挥各自的功能作用，从而通过所产生的教学效果，来实现教学目的。因此选择教学方法不仅要依据教学目的、教材内容、教学对象，还要依据教师本身的特点和素养条件。

（1）依据教学目标选择教学方法：不同领域或不同层次的教学目标的有效达成，要借助于相应的教学方法和技术。教师可依据具体的可操作性目标来选择和确定具体的教学方法。教学目标将教学的一般性任务具体化，是一个有着多种具体内容的目标群，既有知识信息方向的，也有认知技能、认知策略方向的等。每一方面的目标都须有与该目标相称的教学方法。不同的教学方法对应不同的教学情况，没有一种最好的能适应各种教学情况的教学方法。

（2）根据学生的特征选择教学方法：学生特征直接制约着教师对教学方法的选择，这就要求教师能够科学而准确地研究分析学生的基本特征，有针对性地选择和运用相应的教学方法。学生特征主要指心理特征和知识基础特征两方面。学生的心理特征主要在于强调学生年龄差异造成的在心理发展水平上的差异。教学方法应该顾及不同年龄的不同心理特征。学生知识基础特征主要是考虑学生原有知识基础或认知结构，强调学生已掌握的知识及其认知方式对学习新知识学习的迁移作用。

（3）根据学科内容选择教学方法。不同学科的知识内容与学习要求不同；不同阶段、不同单元、不同课时的内容与要求也不一致，这些都要求教学方法的选择具有多样性和灵活性的特点。学科内容决定了一般教学方法在各门学科中的特殊形式。艺术性强的学科知识和科学性强的学科知识在教学方法上是有着很大差别的。这是因为通向这些知识的心理过程不同。某些方法具有较强的学科特点。

（4）依据教师的自身素质选择教学方法。任何一种教学方法，只有适应了教师的素养条件，并能为教师充分理解和把握，才有可能在实际教学活动中有效地发挥其功能和作用。一般来说，教师往往使用那些掌握得比较好的教学方法，当然教师在实践中总会因自身的某些方面的特点，并根据自己的实际优势，扬长避短，选择最适合自己的教学方法。

（5）依据教学环境条件选择教学方法。教师在选择教学方法时，要在时间条件允许的情况下，最大限度地运用和发挥教学环境条件的功能与作用。

2. 教学方法的有效运用

教师选择教学方法的目的，是要在实际教学活动中有效地运用。

（1）不断丰富和调整自己的教学方法。在教学实践活动中，每一种课型、每类问题，都有其自身的特点。教师在教学实践中，都不同程度地积累了自己富有实效的应对方法。这些方法也许是学来的，也许是自己创造的，但都有一个共同的优势，那就是适合自己的特点。选择什么样的教学方法要看它是否适合眼前的学生、是否符合新的教材和大纲要求，新的年级、其他班级的学生、别的教师等能否应用，不能用又将如何修改、调整，这些也是教学方法积累中必须要考虑的。

（2）积极吸取已有的教学方法。在教学实践活动中积极吸收先进的教学方法是每一个教师的愿望，目前在国内外，存在着大量的经过实践证明是行之有效的中小学教学方法，这些方法通过不断地应用并在实践中检验、论证，正日臻完善，如电化教学法、发现教学法、引探教学法、建构主义教学法等，与传统的教学法相比已有许多新的发展。根据自己教学实际的需要，吸取已有的教学方法为自己的教学所用，是应该提倡的。应用中要注意遵从教学策略的要求，切忌简单机械地任意套用，要适合自己的实际条件。

（3）教学方法的组合。在教学活动中，一节课、一个问题的解决，依靠一种方法往往难以完成任务。这就需要各种教学方法的搭配或有机组合。可以一法为主、多法相助，如利用演示法教学时应有谈话法作为补充；也可以用其他方法来补充某种方法的不足，如在进行长方体教学时，除需教师富于生动、形象和启发性的讲解外，在讲授中，还应该以教具演示做补充。在组合、搭配教学方法中往往存在着方法之间的矛盾，从而影响解决问题的效率。在具体的教学中，应使所需要采用的多种方法构成有机的整体，以便更高效地解决问题，这就是已有教学方法的有机组合，也是形成教学策略的又一重要途径。

（4）对已有方法的改造。由于实际中的主客观条件不同，原有的教学方法可能无法实现教学目标，那么要想更有效地完成教学任务，就必须改变原有的教学方法。如在教学中，采用自学辅导教学法。这种方法是在教师的指导下，通过阅读教材的课文和例题，在已有知识的基础上通过自学、自练、自己批改作业等手段达到学习目的。如在素质较好的班级中，教师就可以大胆放手，让学生按规定目标，自觉参与学习并完成学习任务。这时可以是学生自学为主，教师指导为辅。而在较差的班级里，尤其是学生缺少自学经验的时候，教师就应改变自学为主的设计，以辅导为主。即使学生初步掌握了自学方法之后，也要伴随较多的指导与启发。

（5）其他学科教学方法的借鉴。在低年级数学教学中，考虑到刚上学的孩子，还习惯于幼儿园中凭借游戏学习的特点，有的教师采用了游戏教学法。尤其刚入学的小学生，他们对游戏这种把娱乐、探索和学习融为一体的学习方式颇有亲切感。实践证明，在小学低年级数学教学中，穿插一些游戏活动，对学生的学习十分有益，使学生在游戏中能主动地学习知识，发展自身素质。这便是一种方法的借鉴。在教学方法和教学手段的选择与运用上，应形成各科教学的有机结合，并相互借鉴和补充。教学活动中，不同学科、不同年级、不同风格的教师，均有各自的特点，但也有共同之处。所以，其他学科中富有实效的教学方法，完全有可能在自己的教学中应用。例如，很有影响的暗示教学法，过去只应用于英语教学中，近来有老师将它引进数学教学，如乘法口诀教学，同样也取得了很好的效果。

（6）教学方法的创新。为了不断适应新的社会环境和新的教育观念，为了各学科知识体系的不断更新和教学条件的不断改善，教学方法也必须有新的发展。教学实践中，在充分吸取原有教学经验的基础上，我国小学教学方法改革在教学实践中取得了突出成果。这些新方法有一个共同的特点，就是充分调动学生的学习积极性，激发学生学习兴趣和求知欲，强调教学应该教学生如何学，促进学生个性的发展。

第二节 信息化教学方法概述

一、信息化教学方法的含义

信息化教学方法是教育者和学习者为达到一定目的，使用现代教育媒体而形成的教与学的活动途径和步骤。这种工作方式主要指教与学的活动途径和步骤。信息化教学方法是教学方法体系的一个组成部分，与其他教学方法没有本质上的差别。但是，信息化教学方法强调媒体或信息技术手段的应用，是围绕现代教育媒体的应用而形成的方法。

信息化教学方法必须依靠现代教育媒体而展开工作。这是其区别于其他教学方法的特征。在信息化教学方法中，现代教育媒体的作用是多种多样的，在不同的教学环节其作用可以有大有小，但它们却是不可替代的。

信息化教学方法必须依据一定的教学理论而展开工作。这是一切教学方法的共性。信息化教学方法不刻意追求某一种教学理论，各种现代教学理论对信息化教学方法都具有指导意义。此外，现代教育媒体的应用并不意味着信息化教学方法与现代教学理论就有了天然的联系，先进的思想可以影响它，传统的思想也可以影响它。从某种意义上说，信息化教学更需要现代教学理论的指导。

信息化教学方法必须指向一定的目标，解决一定的问题。教学方法的应用要在教学目标的导向下进行，如果没有目标，教学方法也难以有成效。

信息化教学方法有其结构。这一结构是根据教学的需要，应用现代教育媒体而形成的一系列步骤、环节和过程等。教学方法在实施中都要展开其步骤和环节等结构性因素，但是信息化教学方法的实施、现代教育媒体的应用会使这些结构性因素发生变化。如有些教学活动，在现代教育媒体的支持下，可以使教学双方的步骤非同步展开。

信息化教学方法来自两方面，其一是在原有的教学方法的基础上融合了现代教育媒体的应用，使这些方法有了新的特点，如在传统的讲授法的基础上结合了幻灯、电视等媒体的演播；其二是在运用现代教育媒体的基础上形成了新的教学方法。

二、信息化教学方法的分类

从不同的性质特点出发，可把信息化教学方法分成不同的种类。分类的目的在于明确各种信息化教学方法的概念、特点，以便能够正确选择运用。

1. 从学科性质分类

按照学科性质的不同，信息化教学方法可分为语文信息化教学法、数学信息化教学法、物理信息化教学法、化学信息化教学法、地理信息化教学法等。学科信息化教学方法是研究信息化教学媒体在不同学科中的运用方法。主要是研究信息化教学媒体对不同学科内容的表现方法。

2. 从媒体种类分类

信息化教学媒体丰富多样，各种不同的媒体在教学中有不同的使用方法。据此分为幻灯投影教学法、广播录音教学法、电视教学法、电影教学法、计算机辅助教学法、语言实验室教学法等。媒体教学法的实质是研究各种不同的媒体在教学中的具体运用，包括运用的原则环境要求具体方法等。

3. 根据媒体的教学属性分类

综合考察各种信息化教学媒体的教学属性、主要刺激的感觉器官、依据的教育教学理论等因素，信息化教学方法可分为媒体播放教学法、程序教学法、训练教学法、微型教学法、成绩考查法等。

4. 以教学内容来分类

主要有以传授知识为主要目标的播放教学法和程序教学法、以训练学生技能为主要目标的微型教学法、以检查学生学习成绩为主要目标的成绩考查法。

三、信息化教学的基本方法

目前，在教学实践中可用的信息化教学方法多种多样。在信息化教学中，必定要借助于一定的信息化教学方法具体运用到各学科各课题，这就需要教师利用有限的几种基本教学方法，根据具体教学情况加以选择或综合运用，从而创造出适用于某一学科中某一课题的某一具体情景的具体教学方法。那么，面对可供选择的信息化教学的基本方法，我们究竟选用什么样的方法好，如何运用恰当的教学方法来帮助我们实现有效的信息化教学？这就要求我们了解这些方法，对它们进行具体的分析，讨论这样一些问题：不同的信息化教学方法有哪些特点？有哪些优势？由哪些具体活动组成？适用的范围和条件如何？当我们从这些方面对信息化教学的基本方法进行具体的分析之后，就能较好地认识它，教师便可根据教学内容的不同、教学对象的差异、教学目标的区别、教学时间的松紧和自己的特长，选择、运用一种或几种基本教学方法创造出生动活泼的具体教学方法。下面围绕信息化教学方法的特点、优势、应用步骤、适用范围和条件等问题，介绍一些基本的信息化教学方法。

1. 讲授—演播法

讲授—演播法是将教师的讲授与播放媒体相结合的教学方法。这是课堂教学中最常见、最普遍的方法。教师的语言表达是进行教学信息传递的最基本的途径之一，讲授的方法具有悠久的历史。现代教育媒体的出现，给古老的讲授法增添了现代化的色彩。其特点是讲授、讲解能充分发挥教师语言表达的优势，渗透教师个人的语言特色和魅力，可以将知识的逻辑关系和结构系统地传授给学生，以较少的时间向学生传授更多的知识；而媒体的演播可以让学生看到和听到所学的事物和现象，拓展学生认识客观世界的时间和空间。

在教师口头讲授的同时，利用媒体手段把讲授中的难点和重点内容，尤其是抽象的内容加以表现，或给学生提供直观形象的内容，或给学生设置情景，使教师的讲授锦上添花，既增加了教师对信息的表达能力，也丰富了学生获得信息的形式。

讲授—演播法把讲授的特点与媒体播放的特点结合起来。现代教育媒体在讲授—演播法中主要扮演辅助教师讲授的角色，如呈现事物和现象的图像和声音、增加感性的材料、烘托课堂气氛、精练板书等。讲授—演播法既可以教师讲授为主，媒体的播放围绕讲授而展开；也可以媒体播放为主，讲授结合媒体的播放而进行。

讲授—演播法的应用步骤有多种，这里举两个典型的步骤，如图6-1和图6-2所示。

图6-1 讲授—演播法典型步骤一

（1）第一种典型步骤的具体活动内容

①唤起回忆、引入课题：利用媒体展示事物的图像对该事物的回忆，同时引入课题。

②提出问题、锁定任务：教师对事物介绍的基础上提出问题，引出和锁定本节课的任务。

③进行活动、实现目标：教师播放媒体，给学生观看相关的视听内容，并指导学生阅读文字材料，通过思考、回答问题等一系列活动实现教学目标。

④总结完善：教师用投影片和概要、简练的语言进行总结。

（2）第二种典型步骤的具体活动内容

图6-2 讲授—演播法典型步骤二

①引入课题：以媒体展示具体事物的形象，暴露问题，把学生的注意力引入课题。

②转化概念：把形象的东西转化成抽象概念。

③学生活动：教师进一步提供新的材料，让学生进行思考、议论等活动。

④教师总结：教师进行总结。

⑤概念应用：学生在新的情境中运用所学的概念解决问题。

讲授—演播法的适用范围和条件：讲授—演播法适用于教材系统性强的学科，适于传授和学习事实、现象、过程性的知识，而且较适用于中学和较高年级。使用这种方法需要教师有较强的语言表达能力和运用现代教育媒体的能力，并且要求学生有较高的学习自觉性和听讲的能力。

2. 程序教学法

程序教学起源于美国心理学家普莱西于1924年设计的第一架自动教学机器，形成于20世纪60年代斯金纳小步子直线式程序教学理论的提出。程序教学的理论基础是斯金纳创立的操作性条件反射学说和强化理论。

程序教学方法就是在这种理论指引下组合和提供信息的一种特殊方法，是教师根据一定的教育学、心理学和教学理论，按照评定的教学对象的状况，把预先安排的教学内容分解为按一定严格的逻辑顺序排列的小单元，构成程序教材。通过一系列专门的问题和答案，然后通过教学机器由学习者操作显示的教学方法。它要求学习者及时反馈并立即决定是否进到下一个小单元的学习。实际上，程序教学可以理解为一种自学方法。每位学生都可以支配自己的学习进度。每一步都建立在前一步的基础上，并能在每步之后都能立即得到强化。程序教学的特点是：在教学过程中，学生能够积极参与学习活动，思维始终处于高度积极的状态；能充分发挥学生的主观能动性，使学生创造性地学习；人机交互中信息反馈及时，强化有力、指导有方、评判公正；不同的学习者可以自定步调，适应个人的学习进度，有利于个别化教学；对学习能力较差的学生来说是一种有效的学习方法；能有效地缩短学习时间；有良好的激励功能，增强学习信心。程序教学的应用步骤，如图6-3所示。

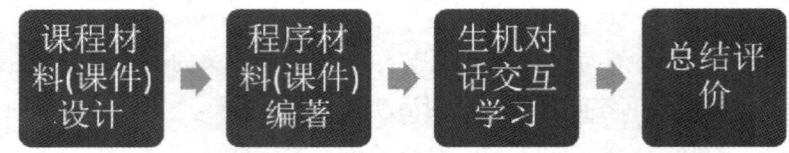

图6-3 程序教学法的应用步骤

①程序材料（课件）设计。教师和程序设计人员根据需要，把内容与学习过程加以结合，设计有关程序化的教学材料（课件）的方案。

②程序材料（课件）编制。程序编制人员根据设计方案，编制程序化材料。

③生机对话交互学习。然后，学生操作设备（计算机），与之对话，在程序教学材料的引导下进行学习。

④总结评价。最后，教师对程序学习的结果进行总结和评估。

程序教学适用范围和条件：程序教学特别适用于下列情况：帮助优等生学习一些教师因教学时间的限制而未能讲授的扩充性的学习内容，对学生进行补习性辅导；为学生提供预备性知识；要求标准化行为的教学；开设学校由于缺乏优秀教师而难以开出的课程；开展个别化训练。运用程序教学方法必须注意以下基本要求：

首先，选用或编制结构合理、配置适当的高质量的课件。一个好的课件应具有人工智能的特性，即在人机对话过程中，能从学生的应答反应了解其掌握知识的情况，从而做出有针对性的教学决策，以提高运用程序教学进行学习的效果。

其次，教会学生使用教学机器。在运用程序教材进行学习前，学生必须懂得计算机操作要领。因此，必须对学生进行事先培训。

再次，明确学习目的，与文字教材配合使用。应用过程中应有明确的学习目的，注意与传统文字教材结合起来，用程序教材学习要求学生有较高的自主精神和负责态度。

最后，注意与常规教学方法结合起来。程序教学虽有优点，但也存在着削弱师生之间、学生之间即时信息交往等方面的不足。因此，运用程序教学法时，必须与常规教学有机地结合起来，使之相互补充、相互促进。例如，学生在使用程序教材学习之前，可在教师的引导下掌握所学内容的知识背景、基本概念、术语，理解学习目的和思路，然后学生通过上机练习，消化所学知识或形成技能等。

3. 问题教学法

问题教学法是为启发学生的思维和培养其解决问题的能力，教师与学生围绕某个实际问题而使用的教学方法。它是一种以学生为中心的教学方法。问题教学法的核心是培养学生的思维能力。信息技术在这种教学方法中起着关键的支撑性作用，它被用来呈现问题情景，分析、解决问题。

问题教学法的特点是教学过程中更加注重师生之间的关系处理，突显教师是辅助者、引导者的作用，通常以问题情境来组织教学，以此引起学生思考，促使学生运用知识，分析问题、解决问题，增强学生自主学习的能力；同时借助信息技术工具，建立沟通协作渠道，促进人际交往能力和团队合作能力的提高。也就是说，问题教学法以学生为中心开展教学，以问题为教学驱动力，以小组为教学组织形式，通过过程性评价促使学生能力发展。

问题教学法的应用一般由以下几个步骤组成，如图6-4所示。

图 6-4　问题教学法的基本步骤

问题教学法的基本步骤：

①创设情境、提出问题。教师充分利用各种信息技术，如借助多媒体教学系统，通过让学生观看相关影视资料、浏览相关网站等多种方式来提出引导性问题。把学生带入问题情景之中，针对问题情境，向学生布置任务；学生接受任务，回忆早期的经验、产生学习的动机和学习的责任感。

②分析问题、明确问题、组织分工。在教师的组织下，学生讨论解决问题的可能方法，教师帮助学生分析问题情境，理解问题的情节和情形，进一步找到问题的本质，并对问题进行界定、阐述。教师根据学生的兴趣和能力，将学生分组，分配学习任务，提供相关资源。

③探究发现、解决问题。教师向学生提供有关材料、参考资料等学习资源，同时学生通过各种途径，借助并利用信息技术，查找、收集与问题相关的信息与资料；小组成员对

收集到的信息进行归类、整理、分析,然后通过相互交流、形成解决问题的方案。

④展示结果、进行评价。各小组以幻灯片等形式陈述、展示他们在解决问题过程中的计划和任务安排,完成任务的过程,解决问题的建议、主张;最后通过自评、生生互评、教师评价相结合的方式,以过程评价为主、终结性评价为辅,对学习成果进行评价。即各小组对各自的问题解决方案自我评价,小组之间对方案相互评价,教师评价每个小组的学习成果以及在整个问题解决过程中的方案方法的优劣,并向学生提出新的类似的问题,学生尝试解决新的问题等。

问题教学法的适用范围和条件:问题教学法的应用需要信息技术的支持,教师能通过信息技术工具创设问题情境,学生能够利用信息技术工具获取丰富的信息资源,师生之间能够利用信息技术搭建沟通交流平台,这样才能保证其有效开展。问题教学法适用于教授各学科领域的概念、规律、理论等教学内容,适用于实践性强的教学内容。

4. 探究—发现法

探究—发现法就是在教师的安排和指导下,主要由学生借助现代教育媒体进行探索、发现问题,从而掌握知识的方法。教师借助现代教育媒体设置问题情境,提出促使学生思考的问题;学生利用现代教育媒体去搜集、查询有关信息,寻找问题答案。这是一种以培养学生创新和实践能为目的的教学方法。该方法的主旨在于在教学中不给学生提供现成的答案或结论,而是由教师提出问题或设置特定情境的刺激,促使学生自我探索和发现问题,以类似科学研究的方法去获取知识和应用知识,从而掌握要学的知识,调动学生学习的积极性和主动性,培养学生发现问题、解决问题的能力。

探究—发现法是一个发现问题、提出问题和解决问题的学习活动过程。学习者通过亲身活动提出问题、发现答案、解决问题,在探究活动中生成知识,获得的知识印象深刻、不容易忘记;可以发展学习者的分析、综合和评价等高级思维能力,培养发散性和创造性思维;学习者能亲身发展科学知识,帮助他们更好地理解科学的本质。在此方法的应用中,体现出来的是做中学的思想,让学生自己主动学习,亲身实践,探究知识;教师只是提供指导;信息技术不再辅助教师讲授,而是帮助学生认知和探索世界。

探究—发现法的应用一般有以下几个步骤,如图 6-5 所示。

图 6-5 探究—发现法的应用步骤

探究—发现法的应用步骤:

①教学准备。让学生了解探究—发现的基本技能,提出探索与发现的基本要求,让学生掌握进行探究与发现的工具,提供必要的信息检索指南、专业网站的地址等,使学生知道如何有效地进行探究与发现学习。

②设置情景、熟悉任务。教师进一步向学生提供有关需要探究或发现的问题情境，引导学生关注有关的主题，并向学生提供必需的学习材料，以便让学生熟悉任务，进入问题情境之中。

③发现问题。学生在教师的要求和引导下，结合过去的知识和经验自行发现问题，确定探究的方向。

④搜集资料、解决问题。学生通过各种途径、形式自行搜集资料，如参考和实地考察、调查和采访、进行实验、查阅文献、观看影视录像、个案追踪分析等。搜集资料不是目的，而是了解事物的手段。因此，接下来学生应用现代教育媒体，如计算机网络等工具，自行搜集、加工整理资料，对搜集到的数据资源进行筛选、归类、统计、分析、比较，然后在教师的指导下，得出结论或答案，解决问题。

⑤反馈评价。对学生得出的结论或答案，教师要进行点评和总结。

探究—发现法的适用范围和条件：探究—发现法的应用需要教师具有较强的应变能力和运用现代教育媒体的能力，同时需要具有学生自主学习能力和信息技术应用能力，尤其是计算机和网络通信技术。有了这些条件保障，才能够激发学生的学习动机，引导学生，利用信息技术工具和手段，在自主学习环境中进行探究。探究—发现法适宜教授和学习概括性、规律性的知识，适用于对未知领域的问题探究，或对已有知识进行个性化的再认识。这种方法适用于高年级的学生。

5. 微型教学法

微型教学法由美国斯坦福大学在1963年首创。微型教学法是指教师借助电视摄、录像设备培养学生某种技能的教学方法。由于该方法是在小教室中对学生的某种技能进行培训，培训时间短、规模小，故称之为微格教学或微型教学。微型教学法首先在教师培训上获得成功，其后被其他学科领域的技能训练纷纷采用，成为一种卓有成效的教学方法，被广泛地应于各种职业技术训练上。它是让教学对象扮演一个职业角色，表演所要求的一系列活动，利用现代摄录设备记录这一过程，然后指导教师与角色扮演者一起观看重放的录像，进行分析评价，找出差距，再做同样的工作直到掌握所要求的职业技能为止。

微型教学法的应用有以下几个特点：人数少、易操作、微型化。由5～10人组成"微型课堂"，以真实的学生或受训者的同学充当"模拟教师"和"模拟学生"，通过不断轮换学生，以保证每个学生都有充分的机会得到培训和个别指导，这样既容易操作，也可使课堂微型化。训练时间短，技能单一，目的明确，重点突出。在教学培训中把内容进行分解，将综合性的教学技能分解为一个个单一的技能，如提示的技能、演示的技能、板书的技能等。每次针对一种技能进行培训，培训目的明确，重点突出。被训练者利用5～10 min的时间进行一段"微型课程"的教学实践，从中训练某一两项教学技能。借助媒体设备，展示范例，实时记录。在进行"微型课程"的教学实践过程中，利用电视摄、录像设备系统展示某技能的范例，供学生学习和模仿；也可在学生模仿训练时将实践过程记录下来。反馈及时准确，评价方式多样。完成训练后，通过视听系统重放已记录的内容，供师生点评分析，让学生及时得到反馈信息。评价方式可以是自我评价，也可以是他人评价。

微型教学法应用需要按一定的程序对学生进行特定教学技能的训练。微型教学包括如下几个基本步骤，如图6-6所示。

图6-6 微型教学法应用步骤

①确定训练目标，明确学习技能。要使学生教学活动开始前了解每一项技能的理论和方法，并掌握各个技能的执行程序和实施要求。通过多次实践、评价、修改，使技能趋于完善，并通过综合训练，形成技能。

②学习研究技能，观摩技能示范材料。在进行微型教学实践前，应先组织学生对各项技能的有关理论、方法程序、实施要求进行学习研究。并且通过播放反映某项技能的示范性录音、录像资料，使学生对教学技能的事实、观念、过程、操作程序有形象化的了解，使学习者获得技能模仿的样板，使训练目标和要求更加具体化。

③角色扮演，声像记录。要组成微型课堂，让学生进行角色扮演，被训练者实践一两项技能，模仿表演前观察的技能，同时用电视摄像设备录制被训练者的行为，以便能及时准确地反馈。

④重播录像，自我分析，讨论评价。实践活动完成后要重放录像，让被训练者以"第三者"的身份观察自己的行为，并找出不足。被训练者看过自己的实践录像后，首先要进行自我分析，检查实践过程是否达到了预定的目标。指导老师、评价人员、学生角色都要从各自的立场来评价实践过程，通过分析、比较、肯定成绩，指出不足，以便改进。

⑤再实践，再改进。经过评价，已经达到基本要求的可进入下一技能的学习，实践新的教学技能。未达到要求的则需要根据反馈信息和教师的点评，做进一步练习。

微型教学法适用范围和条件是：微型教学法是进行技能教学的有效方法。适用于教师教学技能的培训，也适用于艺术、体育等学科的技能或动作行为的教学。这种教学方法需要在微型教学系统中实施。

6. 模拟训练法

模拟训练法就是利用现代教学媒体模拟自然现象、运动状态和过程或者是特定的工作环境而进行实验和训练，以揭示其规律的一种教学方法。模拟训练法的特点是：

①突破教学条件限制，方便训练教学。由于受各种特定条件的限制，教学中不能用真实环境或事物进行实验或训练，需要用计算机等媒体模拟这些环境或事物，以便师生经济、安全、省时地进行训练教学。

②设备与媒体的广泛应用，丰富了模拟工作环境。模拟训练法最初是用机械装置模拟一种工作环境如模拟汽车驾驶室，来培训驾驶技能。计算机被用于模拟训练后，与机械装置结合起来，大大地丰富了模拟的工作环境。

③应用信息技术手段，拓展训练类型。由于信息技术手段的应用，训练的类型也从单一变成多样化。模拟训练法大致有四种类型，分别是操作性训练、工作情景训练、实验情景训练、研究方法的训练。

模拟训练法的适用范围和条件是：运用该方法要提供可供仿效的适合学生发展的教学信息；要使学生进行仿效训练或亲自操作；要面向全体学生；教师应做好引导，及时分析、评价，明辨正误，分析原因，找出最佳思路和方法；要正确处理模拟教学法与常规的实验法、演示法、参观考查法的关系，在条件允许的情况下，要使它们有机结合起来，以利取长补短；要引导学生抓住事物的本质。

第三节　高校英语信息化教学方法

在新的大学英语课程教学要求中，现代信息技术的大量应用是新教学模式的一大特点，而在近些年大学英语教学方法与教育技术结合的发展中，多媒体技术是最令人瞩目，也是应用最广泛的。随着多媒体的发展与其在教育学中的渗透，多媒体技术在大学英语教学中体现出了独特的价值，并得到广泛的运用，使大学英语教学的广度、深度和灵活度都大大增强，推动了教学方法以至教学理念的更新。以计算机为核心的多媒体教室、语言实验室、网络教室、自主学习中心和校园网络等，为大学英语教学构建了良好的教学环境，在教学实践中，课堂内外多媒体手段和资源的使用，丰富了教学的层次，提升了学生的兴趣。目前许多院校的硬件设施大大改善，多媒体技术也被越来越广泛地应用在英语教学中，多媒体技术在英语教学中的使用和推广已是大势所趋。但是不可否认，多媒体与大学英语教学的结合仍需进一步深化与创新，使大学英语教学掌握更丰富与更有效的方法和手段。

一、网络教学法

1.网络教学法的含义

网络教学法是一种包括新的传播媒介以及人与人之间的交互作用的教学法。这些新的沟通媒介是指计算机网络、多媒体、专业内容网站、信息检索、电子图书馆、远程教育和网上课堂等。网络教学具有三大要素：一是网络环境，即所谓的信息技术学习环境；二是网络资源，即经过数字化处理，可在多媒体或网络环境下运行的教学材料；三是网络模式，即利用信息技术，通过对资源的收集利用，发现知识、探究知识、展示知识及创造知识的学习模式。

网络教学法下采用的教学方法是基于建构主义教育心理学理论的,"建构主义理论"为我们开发大学英语网络课程奠定了理论基础,"建构主义理论认为,知识不是通过教师的传授得到的,而是学习者在一定的社会文化背景下（一定的情境）,借助他人（教师和学习伙伴）的帮助,利用必要的学习资源,通过意义建构的方式获得的",同时,建构主义理论还强调以学生为中心,认为学生是认知的主体,是信息加工的主体,是知识意义的主动建构者,教师的作用应由知识的传授者、灌输者转变为学生主动建构意义的帮助者和促进者。

面临21世纪知识经济的挑战,教育部提出,必须加快我国教育信息化的步伐,并根据各地区经济发展不平衡的现实,分三个层次推进信息化教学。第一,以计算机多媒体为核心的教育技术在学校的普及与运用；第二,组织学校上网,利用网上资源；第三,开办远程教育,提供丰富的学习资源,不断满足人们终身教育的需求。随后,网络教学受到我国教育界的普遍重视,成了发展教育的一大热点,一些有条件的学校纷纷试水利用网络辅助大学英语教学。

2. 网络教学法的构成

笔者认为网络教学可以实施以实时传播、资源检索、课程测试、教学论坛及休息娱乐几个模块构成的具体形式,分述如下:

（1）"实时传播"为教、学者搭建了在线交流的平台,构建自主学习的语言环境,类似于网上的"英语角",学习者可以和教师围绕一个主题的若干部分,融听、说、读、写为一体,开展课堂内外相结合的相关教学,达到知识构建的目的。

（2）"资源检索"为学生提供大量的学习资源,包括语言应用及各种考试资料等内容,学习者可以根据各自不同的学习目的找到自己所需要的资源。

（3）"课程测试"是教师针对学生而设计的通过在线网络进行自我检测相关课程的自主学习效果的模拟考试形式。

（4）"教学论坛"是学习者进行交流学习内容与学习方法,以及教师为学习者答疑的交流平台。教师和学习者都可以进行留言,对学习过程中遇到的问题,进行讨论与交流。

（5）"休息娱乐"是教师为学习者提供的一些优秀的外文影视、文学作品或者一些与外语相关的笑话、游戏等,可以让学习者在学习之余体验英语文化,轻松心情。

由于网络资源过于丰富、良莠不齐,教师还应当对学生在网络学习的过程中进行适当管理的同时,通过学习者的网络学习的情况对其进行有效的监督。

3. 网络教学法的特点

网络教学为学习者提供了个性化学习的条件,网络教学软件也能为不同层次不同类型的学习者提供各自的需求空间,能针对不同的学习者选用不同的教学内容、教学手段以及检测评估系统,充分实现个性化学习的目的,利用网络技术,使教师对学习者的课外学习情况的了解与监督变成了可能。同时,在网络上有针对性的辅导,更能满足学习者的个性

化需求及学习兴趣,避免了僵化的统一管理模式。另外,笔者认为网络教学还具有如下显著特点:

(1)网络教学提供了异常丰富的教学资源的共享。网络技术实现了世界范围内的资源共享,地球变小了,人与人的距离拉近了,交流沟通变得更迅捷了。网络教学使简便地寻找到丰富的教学资源成为可能,从天文地理到体育娱乐,从文化教育、政治历史到科学技术等,无所不包,为英语学习者提供了大量的教学资源。教学可以不再受时间和地域的限制,教育资源缺乏的地区可以借助网络享受同样的教育。

(2)激发了学生学习英语的兴趣。学习是主动的过程,兴趣是最好的老师和助推剂,网络教学中的多种媒介功能的集合,变传统教材的呆板为信息技术的生动情景化。通过图像、文字、声音、动画等,学习者在网络教学提供的英语环境下会主动积极地去寻找感兴趣的教学资源,提高了学习的趣味性和主动性。

(3)网络教学营造了开放的学习环境和自主的学习氛围。网络教学为学生提供了一种新的学习模式,使学生在自己愿意的时间、地点以自己喜欢的方式学习。信息网络不受时间地域的限制,向所有学习者开放,丰富的网络资源为学习者提供了传统教学所难以提供的英语语言环境,同时由于网络教学的自身特点,便于学习者结合自身情况自主学习,学习者在网络间可以进行自由的双向、多渠道交流。

(4)有利于新型师生关系的建立。教学过程是教与学的结合。自主式教学模式的建立,需要变"以教师为中心"为"以学生为中心",同时建立新型的师生关系。学生不再是被动的接受者,变被动学习为主动求学。教师也不再只是知识的传授者,还应当是教学活动的组织者、管理者、促进者等角色。师生之间通过网络这个先进技术的平台,除了完成知识的传承之外,还可以进行学习能力的交流,亦师亦友,也构建起更为和谐的师生关系。

二、微课

1.微课的含义

微课,顾名思义就是微一课程的简称,它是基于教学资源、学生、教师等以某一个主题为模块组织起来的小规模的课程教学过程。微课的形式主要是以视频为主体,教师利用几分钟的时间围绕某个知识点或者教学环节录制教学视频从而对学生开展教学活动。总的来说,微课就是在传统日常教学基础上发展起来的一种新型的教学资源。其课程特点是具有一定的控制性,能使学生和教师在短时间内集中解决某一特定的教学行为,或在有控制的条件进行学习。这样的教学适合当前人们的学习环境及学习习惯,有助于实现教学的现代化。

微课教学的推广是需要信息化发展作为保障的。笔者认为影响微课发展的因素主要有两个:一是教师,二是学生。对于教师来讲要制作微课是需要一定的技术保障的。由于大部分教师都不是相关专业教师，所以对拍摄视频等技术不能很好地掌握。然而，由于信息时代的到来，微课拍摄与制作在硬件和软件上均取得了重要突破。录屏软件录制、摄像工具录制、录播教室录制、专业演播室制作、智能笔录制、专用软件录制、Ipad 录制等一系列微课制作工具的研发与利用充分满足了教师日常录制微课的技术要求，从而攻克了教师在微课制作上的技术难关。对于学生而言要接触到微课就必须有信息化设备，而当前随着电脑、平板设备、智能手机等移动设备的普及，学生可以随时随地地打开自己的移动设备去进行微课的学习，从而解决了学生在学习微课方面的硬件问题，有助于推动微课的发展。

2. 微课教学的特点

首先，微课教学的"微"字就体现了其容量"小"的模式特点。在微课教学中，课程内容主要是针对教师在教学过程中的一些比较重点的细小问题来进行讲解的。我们以英语语法为例，在传统的教学中教师往往会把一个语法从上到下所有的相关内容在一节课上进行讲授，这就造成了学生的乏味感，而微课教学的内容就不尽相同了，它并不是对某一个语法点进行长篇大论，而是将这个语法点里面最重点、最实用的知识点进行提取，再以微课的形式向学生传授。这样的教学特点更能体现出一个知识点的深度而不是广度。学生如果利用这样的教学方法进行学习，可以更深层次地理解某一个语法问题。同时，由于几节课的教学容量较小，所以避免了学生觉得太长而听不下去的问题的产生。

其次，微课教学讲究的是教学内容要灵活。即微课教学内容的选取范围相对广泛，内容相对集中。这样的特点对于大学英语的教学也是非常有用的。由于教学内容的选取具有广泛性，在教学当中教师可以对大学英语里面多个内容知识进行选取。这就避免了在传统教学中的课程单一性的问题。学生在微课学习中可以选取自己感兴趣的知识点进行学习，在短时间内可以接触到不同的话题，这样的多样性也会激发学生的学习兴趣。同时，教师也可以利用微课教学形式与学生共同探讨研究某个问题，这样学生也在某种程度上参与到了教育教学的过程当中。从某种程度上使学生对于大学英语的学习兴趣大大增强。

最后，微课教学具有选题"务实"的模式特点。第一，微课教学的选题不会像课本一样一定要按照某一脉络进行选题，它的选题往往立足于当前的社会需求及热点问题，选题贴近学校、贴近教师、贴近当代的教育教学实际。换句话说，社会需要什么，学生对什么课题感兴趣，微课教学的内容就可以选取什么。试想一下，如果大学英语的教学内容都是学生感兴趣、愿意听的内容，那么学生还有理由不去学好大学英语吗？第二，微课教学在研究过程上也比较"务实"。微课教学的一个指导思想就是在实践中产生的问题要在实践中解决，它强调的是在教学中进行研究，在研究中进行教学，并不像传统教学那样游离于教育教学实践活动之外。在大学英语教学中，这样的特点可以大大提高学生在英语学习过程中的参与度，学生可以从自己的实践中提炼自己的经验，让自己的经验体现自己的特点，从而提高他们对于大学英语的学习热情。

第七章　高校英语信息化教学资源研究

　　信息资源是人类社会认识世界和改造世界的精神产物，它凝聚了人类的智慧成果。在一定条件下，信息资源的创造者享有知识产权，它具有商品的属性，可以被销售、贸易和交换；但是，就信息资源的共享性特征来说，信息和知识一旦物化为信息资源，并通过一定方式供人们交流和传播时，它就自然变成了人类社会共享的精神财富、共享的社会财富，任何人无权全部或永久买下信息的使用权。这时，信息资源就可以被人们反复利用、复制、传递和再生，为经济建设和社会进步服务。

　　随着社会全面信息化和知识经济时代的来临，信息资源对促进国民经济和社会发展的作用日益明显。今天，人们已经把信息资源和能源、材料并列为当今世界的三大资源。也就是说，信息、能源、材料已经成为当今科学技术的三大支柱。在建设社会主义现代化小康社会和和谐社会的进程中，我们应该充分认识信息资源对国家和民族的发展，工作和生活的重要性，我们要重视信息资源的开发和利用，把它作为国民经济和社会发展的重要战略资源来对待，把它作为整个社会信息化体系的核心内容来建设，使信息资源真正成为社会发展最重要的推动力量。

第一节　信息化教学资源概述

一、教学资源的分类

　　不同的教育群体根据不同的标准将教学资源分为不同的类型。如有专家认为教学资源包括教学资料、支持系统、教学环境等组成部分；还有专家将教学资源分为学习素材和教学环境两大类；而教育一线的教师更倾向于将教学资源分为教师教学资源和学生学习资源。

　　一部分专家认为教学资源包括了教学资料、支持系统和教学环境三大类。

　　（1）教学资料中蕴含了大量的教育信息，能创造出一定教育价值的各类信息资源。信息化教学资料指的是以数字形态存在的教学材料，包括学生和教师在学习与教学过程中所需要的各种数字化的素材、教学软件、补充材料等。

（2）支持系统主要指支持学生有效学习的内外部条件。包括学习设备的支持、信息的支持、人员的支持等。支持系统作为资源的内容对象与学生沟通的途径，实现了媒介的功能。它与资源组成的构成相关联，是我们认识学习资源概念的结构性视角。

（3）教学环境不仅指教学过程发生的地点，更重要的是指学生与教学材料、支持系统之间在交流的过程中形成的氛围。其最主要的特征在于交互方式以及由此带来的交流效果。教学环境是学生运用资源开展学习的具体情境，体现了资源组成诸要素之间的各类相互作用，是我们认识学习资源概念的关系性视角。

综合 AECT'77 和 AECT'94 这两个定义的优点，另一部分专家将学习资源分为学习素材与教学环境两大类。

（1）学习素材包括教学软件和教育资料。教学软件是指为教学目的而专门设计的信息产品，如教学录音带/录像带、教学投影片/幻灯片、多媒体课件等。在教育技术界，习惯上称这类设计的资源为教学软件或媒体教材。

（2）教育资料指具有一定教育利用价值的资料，如电子报刊、软件工具、音像资料，以及多种多样的网上信息资源。此类资料也经常被认为是信息教育资源。所谓信息资源型的环境，是指那些以提供信息服务为主的系统。其特点一是拥有大量的信息资源，二是提供自由的访问。如学习资源中心、电子阅览室、电子化图书馆和互联网上的各种信息等。

按照教师和学生在不同教学环节的不同使用要求，一线教师将教学资源分为两大类：教师教学资源和学生学习资源。

二、信息化教学资源的类型

通常认为，"信息化教学资源"属于信息资源的范畴，是狭义理解上的一种特殊的信息资源，是"经过选取、组织、使之有序化的、适合学生自身发展的有用信息的集合"。本书所讨论的信息化教学资源，主要指蕴含了大量的教育信息、能创造出一定的教育价值、以数字信号的形式在网络上进行传输的信息资源。学习资源可以提供给学生使用，能帮助和促进他们学习。这些教学资源的要素可以单独使用，也可以由学生将它们合起来使用。在信息化时代，有专家认为世界上的知识总量每 3～5 年就翻一番，网络几乎成为最主要的信息来源。然而，教育信息资源相对于其他信息仅占一小部分。但是，这一小部分的信息资源相对于我们的需要来说已经很多了。面对这么多的教育信息资源，为了便于查找，有必要将它们进行分类。

（一）形态上划分为八大类

从资源的形态上，我们习惯把网上的教育信息资源划分为以下八大类：电子书籍、电子期刊、网上数据库、虚拟图书馆、百科全书、教育网站、虚拟软件库和新闻组。

（1）电子书籍。现在网上电子书籍的类型主要有名家的经典著作、网络畅销书等，如莎士比亚的著作、金庸的小说。目前，使用网上的电子书籍通常是免费的。然而，随着作

第七章 高校英语信息化教学资源研究

者越来越多地利用网上资源以及相应的有关版权问题，有部分电子书实行收费制度。

（2）电子期刊。电子期刊主要包括电子报纸、电子杂志和期刊、电子新闻和信息服务等。电子期刊现在已经成为主要的网上信息资源。由于电子期刊方便查找和阅读，其需求量也越来越大．其内容基本与印刷期刊的内容相同。一般情况下，学科专刊的电子期刊均实行收费制度。

（3）网上数据库。网上有各种各样的数据库，如图书馆目录、专门用途的数据库和地址簿等，但只有前两种可以用于教育。网上数据库越来越多，而且使用起来非常方便。数据库的界面设计都非常人性化，只要你学会了计算机的基本操作，那么使用数据库基本上就不成问题了。

（4）虚拟图书馆。虚拟图书馆是一个比较广泛的概念，可以泛指各种有组织的网上信息库。如清华大学虚拟图书馆、万维网虚拟图书馆等，当然这些属于比较严肃的学术和科研机构建立的网上信息库。这些信息库广泛收集网上的学术作品和相关网站地址，按一定规则进行分类编目，有的用超文本建立索引，有的用关键词检索等。此类虚拟图书馆由于有专业人员对信息进行筛选和组织。信息质量比较高，具有很高的参考价值。

（5）百科全书。电子百科全书（包括电子辞书）是近几年才开始发展起来的。不过，最著名的百科全书《大英百科全书》在1996年6月就已经有了在线服务。到目前为止，相对于印刷的百科全书，电子百科全书在某些方面还存在一定的局限性，尤其是在照片和其他的多媒体元素方面。不过，我们相信随着信息技术的发展，电子百科全书将能克服这些不足，而且能够提供更广泛及时的信息（包括三维动画、声音和视频等）。百科全书的另一个优点是它基于超文本设计，这样易于浏览查询。

（6）教育网站。一些与网络相连的教育机构逐渐开始发布它们自己的数据资源，如用于课堂教学的附加材料、学生的论文，甚至是完整的网上课程。教育站点的内容通常涉及中小学和高年级教育的所有方面。教师为了上课的需要，可以利用主要的搜索引擎，通过选择恰当的目录或关键字来进行信息搜索。如大部分市教育局均建立了教育信息网，其中内容丰富，包括了学科教育资源，既有供教师使用的，也有供学生阅读的学科资源，既有以文本的形式出现，也有以视频的形式出现的。通常这些由市教育局建立的教育信息网都是免费的。

（7）电子新闻组：这些基于电子邮件的讨论列表是根据不同的用户感兴趣的主题，一级一级组织起来的。利用新闻组，学生可以同世界各地的用户交换信息。新闻组的规模有大有小，教师在为学生推荐个人新闻组时应该考虑到这一点。

（8）虚拟软件库。虚拟软件库专门收集免费软件（Freeware）、共享软件（Shareware），可供自由下载使用，但共享软件对使用期限有一定限制。软件库中不乏教育软件如Google Earth。

（二）结构优良性：三大分类

不同的信息化教学资源，在教学中有着不同的应用倾向。对以信息技术为载体的教学资源而言，华南师范大学胡小勇教授从结构化视角将其分类：

（1）良构化教学资源：指那些结构良好的数字化教学资源，它们构造规范、组织清晰，利用元数据进行归档管理，便于检索和利用。如CAI教学课件、学术论文或者是一些有研究价值的试题等，这些资源大部分结构良好，不可直接修改，而且比较规范，存放有序。

（2）劣构化教学资源：指那些离散、片段、格式不一的数字化教学资源信息，它们的结构形态低劣或不完善、无序化。网络上的劣构化教学资源也是非常丰富，如教师的教学反思、教学案例等。这些资源大多是记录课堂教学的一个片段，没有统一的格式，比较零散，也不完善。

（3）半结构化（适构）教学资源：指介于良构与劣构资源之间的其他数字化教学资源。随着教学资源的开发，半结构化的教学资源深受一线教师的喜爱。半结构化教学资源虽然组织清晰，但也有待改善。如天河部落，它是广州市教育科研网，这里收集了大量的优质教学资源，如教学设计、教学反思、教研综述等，这些教学资源都是以一定的形式有序地组织起来的，学习者（如一线教师）能在学习其优点的基础上，进一步完善，并促进自身专业的发展。

无论是良构化教学资源、劣构化教学资源还是半结构教学资源，均对教学资源的开发和使用起到积极的作用。结构化的教学资源一般具有较高的研究价值，方便各地教育者和受教育者使用，但其适应性不会很强；而劣构化教学资源对于学习者提出更高的要求，学习者首先必须有自己的一些观点，并带着借鉴和批判的心态进行学习研究，取其精华，去其糟粕；而对于半结构的教学资源，学习者可结合半结构的特点，根据自己的经验，对其进行修改和完善，最后使其成为适合本地区使用的教学资源，修改和完善的过程也对教育者的能力提高的过程。但是，从教师专业发展的情况来看，笔者认为半结构化的教学资源对于促进教师专业发展具有极大的作用。

（三）内容相关性：三大类

祝智庭教授曾根据内容相关性来划分教育中的软件资源，分为"内容特定""内容有关"及"内容自由"三大类。受此启发，将其进一步拓展到资源分类中，可以将信息化教学资源分为以下几类。

（1）内容特定的教学资源：根据具体课程教学内容而特定设计的资源，如问卷、练习等。它们通常针对明确的教学目标而设计开发。

（2）内容相关的教学资源：内容与课程有部分关系的资源，如各种电子读物；或者是内容与课程有间接关系的资源，如游戏软件；或者是包含了课程之外的大量拓展内容，如电子百科。

（3）内容自由的教学资源：实际上是一些用于支持普通学习活动的原始资源素材和工具性软件，主要包括原始素材、内容开放型网页等。

从上述结构优良性、内容相关度两个维度出发，并以资源的形态为例，可以构建一种信息化教学资源的教学应用特性分布矩阵图，并按此图将各种信息化教学资源进行粗略定位。

在实际教学活动中，各种信息化教学资源都得到了不同层次的运用，尤其是良构维度的教学资源，这一维度的教学资源有着使用方便、操作简单、效果明显的优势，使其在教学活动中频繁出现。但是，为了更好地发展学生的各种能力，一线教师更应该在重视良构教学资源的基础上，将教学资源向劣构以及内容的自由方向上发展。

三、信息化教学资源的瓶颈

信息化教学资源无疑能够提高教学组织的工作效率，但信息化教学资源的建设与应用在现实教学中仍然存在着很多问题，如资源结构性缺乏、实践效果不佳、"低水平资源的重复建设"、有效资源匮乏等，这些问题影响到信息化教学资源的深层次推动与应用，无法取得良好的应用效果。这反过来打击了教育工作者使用信息化教学资源的信心，给信息化教学资源的应用带来了更大的阻力。

资源是制约教学应用最为关键的一环。有效资源的匮乏是信息化教学资源建设存在的主要问题之一。目前，很多教师上一节信息技术与课程整合的课通常要花30个小时左右的时间来准备，而其中绝大部分时间是用来找资源、做课件。然而，真正能满足教学需要的资源总是很难找到。网络上大部分教学资源仍停留在旧教材、网上图片、文字、声音等文件的堆积，资源的"低水平重复开发"也比较突出，这些信息化资源对教学缺乏支持，可用性比较差。

第二节 高校英语教学资源概述

教学资源是课程内部的构成要素和运作条件，它不断地为课程及课程实施提供必要的物质、能量和信息，是课程和课程实施的坚实基础和重要保障。课程实施的范围和水平，不但取决于教学资源的丰富程度和拓展广度，更取决于教学资源的开发水平和利用率。没有宽阔而开放的教学资源根基，就没有动态生成的现代课程。从某种意义上讲，没有教学资源就没有课程的存在。可是，什么是教学资源？教学资源有哪些特点？如何建设大学英语教学资源？大学英语教学资源的开发与利用应该坚持哪些基本原则？大学英语教师作为教学资源的开发与利用主体，可以采用哪些可能的途径与方法？大学英语教学资源建设的基本原则是什么？哪些因素影响着大学英语教学资源的开发和利用？这些问题都迫切需要我们认真对待和探讨。

一、大学英语教学资源建设的意义

1. 有利于促进教师教育观念的更新

广义的教学资源概念带来了全新的课程理念，教材不再是整个教学活动的中心，教师对学生的评价也不再以学生是否掌握了书本内容为准，而是基于整个教学活动的课程目标完成情况。全新的教学模式和评价标准不管对教师还是学生都是一种挑战。对教师而言，整个教学设计过程和实施都围绕教学活动是否有助于课程目标的完成，除了关注是否完成了教材上的教学内容外，更要思考如何高效开发大学英语教学资源，培养学生的自主学习能力，引导学生完成课程目标。对学生而言，他们需要考虑的是在整个学习过程中学会了做什么，而不单单是考虑是否已掌握书本上的知识等。

2. 有利于教师专业成长

接受新教学资源观熏陶的大学英语教师，不会再日复一日地重复使用相同的教材、教案和教学课件。他们会紧跟时代发展的要求，更新自己的知识结构，不断加强对教学内容、教学活动设计、课堂组织模式、课堂评价方式等的反思，以改进自己的教学。同时，大学英语教学资源的不断丰富，使学生的自主学习成为可能，兴趣和爱好驱动着他们对教材进行深度理解的同时，不断拓展自己的知识面，将课堂上所学到的知识应用于实践之中，使自己的英语语言应用能力得到迅速提高。同时，学生大学英语学习的成功迫使教师加大投入，去深挖教材，研究语言学习规律，强化语言教学策略，以提升自己的综合素质，更好地服务于教学。

3. 有利于提高学生的综合素质

传统的大学英语教材旨在帮助学生加强英语基本功建设，不管是文章的体裁、选材的主题、选材的长度、还是课文的难度都是面向大众化学生，不会关注学校与学校间学生的英语水平差异、同一学校间学生的专业差异、学生个体的学习需求等因素。丰富的、个性化的教学资源的开发和利用不但是对原有教材内容的补充，也构成了第二课堂，与第一课堂开展联动，形成了较好的学习氛围，拓宽了学生视野，激发了学生的学习兴趣，最终促进学生思想、品德、行为、知识、能力和人格等的全面发展。

4. 有利于大学英语课程开发

大学英语教学资源种类繁多、形式多样，开发和利用过程中必须进行有序化管理。同时，系统的大学英语教学资源建设工作量大，不是一两天能完成的，短则几个星期，长则一两年。因此，需要分工协作。由于该项工作能推进大学英语教师的专业化发展，教师的付出不但能提高教学质量，随着时间的推移，还会产生浓厚的兴趣，不断地去深化这项工作，最终积累的资料越来越多，到一定程度，这些教学资源经过整理、加工、补充和完善，就形成了一门新的公共选修课程的雏形。于是，大学英语选修课程群又增加了一位新成员。

5. 有利于培养学生自主学习能力

大学英语教学资源的开发与利用，主要以课程目标的达成为根本出发点，以学生身心的完整和谐发展为终极目的。传统的教学将学生局限在课堂这一特定的场所，教学资源以教材为主，没有充分唤起学生的学习积极性、主动性和创造性。在新教学资源观下的大学英语学习模式中，学生学习的时空范围得以扩展，可随意选择丰富多彩、形声兼具、图文并茂的教学资源。学生成了学习的主体，他们自己决定英语学习的内容、时间、场所、进度、节奏以及学习质量的监控。从根本上改变了以往师生单向的知识传递方式，把"要我学好英语"转变成了"我要学好英语"，形成了多方位的、多元化的自主学习渠道。

6. 有利于形成性评估的实施

检查课程建设是否达到预期目标需要依靠评估。因此，对课程进行全面、客观、科学和准确的评估对实现课程目标至关重要，它既是教师获取教学反馈信息、改进教学管理、保证教学质量的重要依据，又是学生调整学习策略、改进学习方法、提高学习效率的有效手段。长期以来，大学英语课程教学评估主要依靠终结性评估，注重结果；较少关注形成性评估，忽视学习过程。《大学英语课程教学要求》明确提出要求，要加重形成性评估在大学英语课程评价中的分量。新的大学英语教学资源观不但改变了学生的学习模式，还更新了大学英语教师和相关管理部门的教育观念，通过课堂活动和课外活动记录、网上自学记录、学习档案记录、访谈和座谈等形式确保了对学生学习过程进行观察、评估和监督，为实施形成性评估打下了坚实的基础。

二、大学英语教学资源建设的原则

大学英语课程资源建设是辅助大学英语教学的重要举措，是学生开展个性化学习的前提。在建设过程中应坚持以下原则。

1. "学生为中心"原则

所有大学英语课程资源的建设都是围绕学生的英语学习动机和兴趣而开展的，为学生创造良好的学习氛围，为学生努力学好英语铺路搭桥。因此，不管是资源建设的决策和规划阶段，还是实施、检查和改进阶段，都要以学生的实际需求为出发点，不但要关注他们的知识类资源，还要关注他们的情绪类资源、问题类资源、错误类资源、差异类资源和兴趣类资源，尽可能让他们成为学习的绝对中心，成为知识意义的主动建构者，确保教材所提供的知识不再是教师传授的内容，而是学生主动建构意义的对象；媒体也不再是帮助教师传授知识的手段与方法，而是用来创设情境、进行协作学习和会话交流，即作为学生主动学习、协作式探索的认知工具。

2. 开放性原则

大学英语课程资源建设是一项长期的、系统的积累工作，随着教学改革的不断深入、社会的不断进步和教师专业化发展，已有的课程资源得到更新，新的课程资源得到添加，确保了课程的正常运转。在资源建设过程中，建设者要以开放的心态对待人类创造的所有文明成果，以开放的目光审视周围的事物。开放性原则包括类型的开放性和空间的开放性。类型的开放性指不管课程资源以什么类型存在，只要有利于教育教学，都可以加以开发利用；空间的开放性指课程资源的地域性差异，不管它们是校内或校外、国内或国外，只要能有益于学生知识积累、能力发展、技能提高，都可以加以开发和利用。知识经济是世界一体化的经济，资源的开放性原则是从地区到全球、从微观到宏观、从局部到整体，在不同层次上都要确立的一种基本原则。

3. 前瞻性原则

大学英语课程资源的开发与利用是与学生需求紧密相连的，受现有的课程和现实社会的实际需求推动。但从发展的角度来看，课程资源建设还要与未来社会的发展联系起来。只有这样，才能帮助学生更好地把握未来社会的一些发展趋势。因此，建设者要具有前瞻性思维，密切关注社会的发展动态，注意吸收当前重要的、有影响力的、处于科技前沿的一些素材。在此基础上开发出对学生来说真正有用的课程资源，对学生加以引导，让他们逐步接受这些新东西，为学生以后的终身学习与可持续发展打下坚实的基础。

4. 经济性原则

在大学英语课程资源开发中，要力主用尽量少的投入开发最大量的课程资源，即实现低投入、高产出。经济性原则涉及经费、时间、空间和学习四个方面。经费的经济性指花较少的钱，甚至不花钱，开发出可以服务于学生的大学英语课程资源，如从互联网上提取本校可以使用的英语资源；时间的经济性原则指立足于现实，开发那些适于当前大学英语教学的课程资源，不能等待更好的时机，否则就错过了最佳学习期；空间的经济性原则是指能就地开发的，就不要舍近求远，同时也指课程网站的容量；学习的经济性主要指以兴趣为导向，开发那些能激发学生学习积极性的课程资源。

5. 适应性原则

内容丰富、形式多样的网络资源在为开发大学英语课程建设提供便利的同时，也给开发和利用带来了一定的难度。迫使人们思考开发什么、以什么形式开发、开发到什么程度等问题。建设大学英语课程资源的目的是为了更好地服务于大学英语教学，无论在内容还是功能上都要充分考虑教育的需求，要遵循适应性原则，使教师、学生和其他教育工作者能方便及时地获取所需信息，实现资源的利用价值。因此，在筛选资源时，建设者必须了解用户需求，进行需求分析，即结合实际情况，从更加专业的角度对用户提供的需求信息进行科学的分析和表述，确定用户的需求热点和需求方向，做到量身定做或按需供货。适应性原则在大学英语教学中体现为要依据学生语言水平确定语言内容，依据学生年龄特征确定资源形式，依据学生认知基础选择资源范围，依据教学与学习需要确定开发主题。除此之外，大学英语课程资源建设不但要考虑学生的共性情况，更要考虑特定学生的具体特殊情况。

6. 优先性原则

社会的快速发展、科技的突飞猛进、国际合作和交流日益频繁，使学生需要学习的内容日益增多。同时，知识更新速度加快，更新的周期缩短，使学生的学习远非学校教育所能包揽。很多知识，尤其是书本以外的知识，学生只有依靠社会这所无与伦比的"学校"了，把自己融入到社会之中，在与他人的交流过程中，抓住一切机会充实自己。因此，大学英语课程资源开发和利用时，必须在可能的课程资源范围内和充分考虑成本的前提下突出重点，优先开发那些学生迫切需要的、能直接服务于学生的课程资源。

7. 规范性原则

随着大学英语教学改革的不断深入，日渐突出了学生在课程学习和资源利用方面的主体地位。学生是知识的建构者，用什么资源，以及怎么用的问题主要由他们自己决定，教师只起着"搭支架"的作用。传统模式下，教师、学生和课程资源这三者中，教师起着主导作用。而现在不管是师生间的互动、学生间的互动，还是学生和资源间的互动，教师不再是权威，只是引导者和参与者，学生都起着主导作用。涉及与资源互动时，由于学生自身水平有限、社会阅历不多，对资源中的某些瑕疵，甚至是错误可能鉴别不出来，可能出现摄入错误的内容，妨碍英语学习。因此，建设课程教学资源时，建设的内容一定要经教师严格审核和把关，确保资源的规范性、客观性和科学性，确保资源没有观点和语言层面上的错误，不会误导学生或让学生产生歧义。

第三节 高校英语教学资源优化应用策略

教学资源的多维度分类说明了教学资源的不同种类与存在方式、范围，进一步证明教学资源建设的丰富性与灵活性，表明教学资源建设可采用多元化的策略，下面主要讨论四种建设策略。

一、教材取向的教学资源建设策略

目前，出版大学英语通用教材的一般都是国内知名出版社，像高等教育出版社、外语教学与研究出版社、上海外语教育出版社、清华大学出版社、复旦大学出版社。这些出版社具有多年大学英语通用教材的出版经验，拥有强大的教材编写队伍，除了推出纸质版学生教材外，还推出了配套的教师用书、学生练习册及答案、教师教学光盘，可以说对教师教学帮助极大。由于这些通用教材面向全国学生发行，不可能适合所有学校所有学生，何况编写人员对《大学英语课程教学要求》有着不同的理解，选材也有着不同的偏好，而各学校有着不同的人才培养方案，因此，尽管这些知名出版社推出的教材本身已是经过筛选的教学资源，但是教师实施教学前还要充分调研本校学生的英语水平、学习动机、学习策略、学习方式、学习目标、学习计划，在此基础上对教材进行二次加工，透彻把握教材的重点、难点，将教材内容变为有利于学生发展的教学内容，寻找书本知识与现实生活和学生实际的联系，使教材的价值在教师的创造性使用过程中得到体现。

同时，教材的内容因人的知识结构和社会阅历不同，而存在不同的解释方式。换句话说，同样一篇课文，非英语专业一、二、三、四年级的学生会有完全不同的理解，如果要他们在教师的帮助下对这篇课文进行深度挖掘，他们对教师提出的要求肯定会不同。因此，为了便于学生的自主学习，教师就要全方位地对教材进行加工、补充和拓展，衍生出大量的大学英语教学资源，辅助学生实现个性化学习。

教师在处理教材时可以以"三化"为目标。（1）内容结构化。力争建立要素明确、联结性强、概括性高、派生性强、亲和力大的知识结构，以利于学生自主处理信息，形成概念图式。（2）内容问题化。根据学生的心理发展特点确立学习层次，以有限知识点构建问题序列，采用"问题加解决方法"的模式，培养学生分析问题、解决问题的能力。（3）内容经验化。尽量发掘和利用贴近学生、社会与现实生活的素材，使材料回归生活，实现教材由"素材文本"向"生成文本"的转化，注重体验学习。

二、学生取向的教学资源建设策略

高校的四大功能之一是教学，是为了培养适应国家建设的接班人和栋梁之才，所以一切教育教学活动的中心都应该是学生。大学英语教学资源建设中，以学生为取向的建设策略也显得异常重要。以学生为取向的建设策略主要涉及五个方面。

1. 关注学生的"知识类资源"

教学实践证明，要基于学生的实际水平开展教学，克拉申（Krashen）的"i+1输入理论"也强调学生现有水平在知识摄取中的作用。教师设计的教学目标、选择的教学内容、安排的教学活动、实施的教学方法、采取的教学评估手段都要以学生的真实水平为基础，采用适当拔高的原则，确保能让学生努力就会实现学习目标，而不是一次次令学生遭受失去学习英语兴趣的挫折。为了辅助这样的教学，教师就得开发出相应的课程教学资源，帮助学生构建和完善自己的知识体系。

2. 关注学生的"情绪类资源"

学生的情绪类资源是学生学习的动力系统，主要包括学生学习的兴趣、爱好、动机、态度、信心、情感、焦虑、个性、习惯等。这些非智力因素虽然不直接参加知识的认知和建构，但它们对学习活动有着启动、导向、维持和强化作用，极大地影响着学习活动的效果。教学资源建设的目标之一应该让学生在学习过程中体验到成功，增强学生学好英语的信心，激发他们继续学习的积极性。

3. 关注学生的"问题类资源"

教学以学生获取知识和技能为目的，在实现这一目的的过程中，师生不断重复着"引发问题—提出问题—解决问题—引发新问题—提出新问题—解决新问题"这一循环。那些好奇心强、求知欲强的学生不但加快了自己积累知识、强化技能的步伐，还通过提问扩大了老师的教学内容，让老师去思考新的教学点，去重新组织教学活动。这些问题是教学资源开发的源泉，解决对策是教学经验的积累和创新思维的结晶。问题与解决对策强化了师生互动，加深了师生对文本的深刻理解。

4. 关注学生的"错误类资源"

外语是工具、是技能、是媒介、是行为，需要教师创设大量的语言使用场景，才能培养出学生的外语能力。这种能力包括寻找信息、处理和交换信息、处理关系、处理矛盾等语言交际能力，以及主动学习、自我发展、可持续发展等语言学习能力。这种实践论观点对英语学习具有极大的指导价值。错误的潜在价值表现在以下三个方面：（1）错误是有价值的反面材料。（2）错误给人们提出了新的认识课题，让人们去思考，去探究。（3）因为错误是认识过程中的一部分，是不符合客观事实的认识，但在某些方面却可能有合理因素。错误中孕育着真理。错误和真理是一对矛盾，二者相互联系、相互依存。错误在一定条件下可转化为真理。

值得注意的是，学生出错时，教师要认真分析错误的来源，讲究纠错策略，在确保不影响学生的情绪和学习积极性的情况下，让学生明白错在哪里，从而把学生引导到正确使用的道路上来。

5. 关注学生的"差异类资源"

不管是提倡人们要和谐相处，还是主张学习英语的氛围要融洽，突出的都是一个字：同。但是也不排斥"异"，因为"同"是发展的基础，"异"是发展的动力。学校学生众多，他们的生源地、家庭背景、社会阅历、英语学习的时长等都有较大的差异，为了消除这些差异，学生相互争论和辩论。在这样的思想交锋过程中，学生丰富和发展了自我，使自己越来越成熟；考虑问题的角度越来越多，也学会了换位思考，增进了融洽相处的技能。教育资源是围绕学生开展的，不可能避开这样的"差异类资源"。

三、教学过程取向的教学资源建设策略

教学活动是教师根据一定的社会要求和学生身心发展的特点，借助一定的教学条件，指导学生主要通过认识教学内容从而认识客观世界，并在此基础之上发展自身的过程。教学过程是一种特殊的认识过程，也是一个促进学生身心发展的过程。在教学过程中，教师有目的、有计划地引导学生能动地进行认识活动，学生调节自己的志趣和情感，循序渐进地掌握文化科学知识和基本技能，以促进自己智力、体力、品德、审美情趣等方面的综合发展，具体的教学过程包括课前、课中和课后。

课前教师备课时，要充分研究教材，根据教材确定每个课时的教学目标和准备采用的教学模式、评价方式等。在准备过程中，教师不能全凭经验，必须查阅大量的材料，

寻找大量的辅助材料，对教材进行扩展，以帮助学生深度理解课文内容。同时，要充分挖掘学生潜力，发挥学生的自主学习能力。教师还必须增加主题相关、难度适中、阅读性强的扩展材料，供学生在课后学习，扩展他们的视野。教师精心准备的教学内容是否会被学生接受、接受多少；在老师营造的教学环境里，师生互动、生生互动、学生与教学材料互动的情况如何。这些都是课堂教学生成的动态性教学资源。课后学生要进行大量的语言实践练习，巩固课堂教学内容。教师从学生的课后实践捕捉到的信息是改进教学的基础。例如，学生近期的大学英语学习进步如何？怎样使用教材帮助学生增强语言交际能力？妨碍他们交际能力提高的关键因素是什么？如何增强课堂互动效果？哪些教学资源是近期要开发和使用的？学生也可以不断总结自己的大学英语学习情况。例如，自己在哪些方面的能力还要加强，是口译，还是翻译？自己的学习策略是否得当？自己的学习目标是否偏高？师生这样的教学反思是下一步成功教学的先决条件，也是课后教学资源建设的基础。

四、大学英语信息化教学资源优化策略

（一）信息化背景为大学英语教学带来的资源

社会发展已经进入信息化时代，在大学教学中也逐渐使用了信息化技术方法，通过信息化的教学方法，能够为学生创造更精彩的学习环境，并且与大学生的喜好特征保持一致，使学生能够在学习中感受到快乐，以便更高效地学习英语知识。英语学科作为语言类科目，对学生的应用能力要求极为严格，因此语言环境营造对大学生英语成绩提升是十分重要的。在信息化背景下，教师可以在课堂上搜集一些网络中的英语教学资源，并将其应用在教学环节，学生可以了解到的英语知识资源不仅仅局限在书本范围内，更能够了解到真实的语言应用案例，并在日常生活中灵活应用英语知识。虽然信息化背景下英语教学得到了很大的进步，但在资源应用时如何优化目标仍然是现阶段急需解决的问题，只有通过资源优化，才能够在高校英语教学中取得更理想的成绩。

（二）大学英语信息化教学资源优化所面临的问题

1. 数量急剧增长，载体形式多样

英语教学资源正在快速增多，但在载体上却表现出落后的现象，并不能在短时间内达到载体与资源相平衡的状态，多样化的教学资源对常规英语教学任务的开展也是一种全新的挑战。例如，在传统教学方法中是以纸质书本为载体来进行教学的，但受信息化时代背景的影响，载体逐渐变得虚拟化，如果不能掌握这一特征，学生对教学框架理解混乱，影响到最终成绩的提升。

2. 学生参与缺乏，分布广泛分散

信息化教学模式中，教师会充分应用多媒体教学设备，学生通过观看一些教学资源来对英语知识更深入的理解。这一过程中忽略了学生的参与，只是教师单方面的对知识内容

进行讲解，虽然在课堂上学生已经理解了知识内容，但经过一段时间后很容易忘记，这样的教学模式并不是最理想的，忽略学生参与必然会导致教学效果不理想的问题发生，长时间在这样的学习环境下，学生的英语实践应用能力也会下降。

（三）信息化背景下大学英语教学资源优化应用策略

信息化时代带来了英语学生多样化资源，学生可以有选择性的来判断学习方法，寻找一种适合自己并且高效的学习模式，与教师有关学习内容方面的交流也可以通过网络信息来进行，节省问题解决所用的时间，同时也增进了师生之间的联系。

1. 培养学生主动学习习惯，适应信息化载体

要引导学生明确学习英语学科的重要性，并在日常教学中培养学生的自主学习能力，充分发挥信息化教学模式的先进性，以完成常规教学任务为前提，在此基础上所进行的工作模式创新中，可以充分借鉴传统教学方法中所总结的经验，与多媒体教学技术相互结合，为学生主动学习营造良好的氛围。要将学生作为课堂的主体，发挥教学资源的优势，并规划好课堂结构，这样在英语课堂中所应用的教学资源才能充分发挥效果。

2. 加强课堂交流互动，使学生参与其中

在课堂中可以设置一些互动环节，这样学生在学习阶段可以了解到更多的拓展知识，并真正参与到课堂中，成为课堂教学计划开展的主体。在设计课堂互动环节时，要考虑课堂的整体性，在大学生头脑中形成深刻的印象，拓展知识所设计的比例也要保持科学性，使学生能够快速适应信息化课堂。教师不应该单纯地追求学生成绩的提升，从而忽略了学习阶段学生的个人感受。信息化背景下所设计的英语课堂教学模式设计，要将提升学生英语综合应用能力作为前提，优化教学资源的使用效率，并在课堂中尊重学生所提出的意见，这样学生的个人能力才会有稳定的提升。

教育资源优化利用需要教育人员的共同参与，以学生为主体进行教学方法的探讨，最终所形成的教学方法应用起来才更加高效，能够在英语课堂中发挥作用。

大学英语信息化教学是教育现代化的必然选择，要使信息化大学英语教学资源动态、持续、稳定地发展，必须从教学资源建设、资源共享和保障、数字化校园建设、教学模式转变、师资培训、经费投入等方面共同着手，创建生态化的大学英语教学环境，推进信息技术与大学英语课程的深度融合，创新大学英语教育模式，提高大学英语的教学质量。

第四节　高校英语数字教学资源库的建设

随着多媒体技术和网络技术的发展和应用，为学校广大师生提供了使用信息技术的机会，有力地推动了信息技术进入课堂、信息技术融入学科教学。但是，教学资源的匮乏，

影响着信息技术在教学中的应用。高质量的、丰富的、适应教学改革需要的教育资源是当前教育信息化的核心,也是在学科教学中有效应用信息技术的基础。

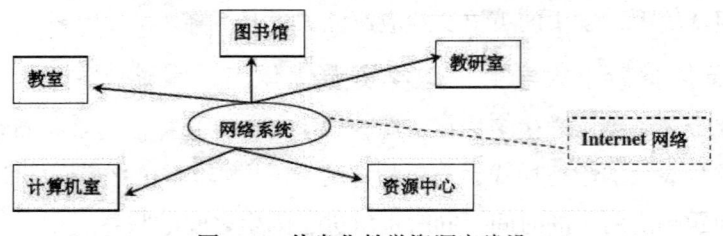

图7-1 信息化教学资源库建设

一、建设大学英语数字化资源库的必要性与紧迫性

数字化教学资源是指已经数字化且在计算机或网络上能运行的多媒体材料。教学信息资源库是在学科教学中有效应用现代信息技术的基础和保证,是发挥硬件功能、促进教学模式改革的基础,是数字化自主学习的关键。

1. 教学数字化资源库是在大学英语教学中有效应用现代信息技术的基础

语言实验室是外语教学不可或缺的重要组成部分,是训练外语听、说能力的重要教学场所,是外语教学改革和提高外语教学质量的制高点和突破口。为推进基于计算机和网络技术的信息技术在教学中的应用,实现教育手段现代化,提高高等学校的教学质量,各高校纷纷建立起多媒体教室、多媒体语言实验室、电子阅览室、校园网等现代化教学环境。近两年,各高校也加大了教学设备的投入。在大学英语教学方面,更新了语言实验室教学系统,扩大了语言实验室规模,将计算机技术与网络技术引入语言教学实验室的建设之中,为在大学英语教学中真正引入信息技术、实现信息技术与大学英语教学的结合、构建新的教学模式打下了坚实的物质基础。利用信息技术教授英语,在发音、个性化、可操练性等方面都要优于传统方法。但是,使信息技术在教学中发挥作用的是数字化资源。然而,目前学校提供的听力教材仍然是盒式录音带,如果在多媒体语言实验室仍旧使用磁带进行听力教学,根本不能发挥出多媒体语言实验室的功能,不能体现多媒体语言实验室的优越性,将造成"高档设备低档使用"的教育资源的极大浪费。另外,大学英语视听课的教学目的之一,就是让学生能听懂并模仿地道的英语。然而,由于没有剪辑与编辑好的突出以视、听、说为教学目的的影视材料,视教学只是简单的教师放映、学生观看这样单向的学习过程,而不是教师、学生、设备相互作用构成的交互的教学过程,达不到培养与提高学生听、说能力的目标。硬件建设与软件建设不同步,严重制约了现代教学设备功能的发挥,达不到预期的教学效果。因此,要发挥信息技术在大学英语教学中的作用,促进信息技术与大学英语课堂教学的整合,以优化教学过程,提高学生的听、说能力,就必须加快大学英语教学资源库的建设。

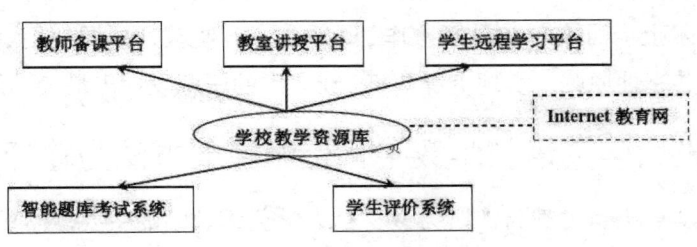

图7-2 信息化教学与资源库的关系

2. 大学英语教学模式改革

自主学习教学模式的需要。自主学习教学模式是以学生为中心,学生自主利用计算机进行个别化学习的一种形式,可以不受教师约束,不受时间、空间的限制,最大限度地根据自己的学习目标自行选择学习内容,运用学习策略自我控制学习进度,以取得最好的学习效果。在这种模式中,教师成为教学的指导者、助学者和督促者,学生是学习的主体。教师通过设计、演示、协作和评价,履行主导教学的职责,使课堂教学更具多样化和趣味化的特色;同时教师可以根据学生不同的特点,采用灵活多样的教学方法,选择不同的教学内容,对学生进行集体或个别辅导。信息技术在教学中的应用,为从"以教师为中心"向"以学生为中心""统一式"向"个性化"转变的大学英语教学改革提供了技术保证,为自主学习教学模式提供了硬件基础。自主学习是基于资源的学习(resource-based learning),为学生提供大量的学习资源成为基本要求之一。学习资源的丰富增加了学生选择的自由,从而增加了学生的自主性。因此,加快大学英语教学资源库的建设,促进自主学习教学模式的构建,突破传统的"以教师为中心"课堂教学模式的限制,充分发挥学生的学习主动性与积极性,提高学生的学习兴趣,从而提高教学质量已是当务之急。

二、建设大学英语教学数字化资源库的原则

建设大学英语教学数字化资源库,是利用现代教育技术,运用教学设计理论,对教学资源进行的一种优化设计,要尽量收集涵盖社会、生活、科学等不同方面的素材,以满足有不同兴趣与爱好学生的需要。大学英语教学数字化资源库的建设,要支持创造性教学和研究性学习,激发教与学两个主体的积极性和创造性,应遵循以下原则:(1)积件化原则。积件是基于课堂教学提出的,方便教师和学生根据教学需要自己组合运用多媒体教学信息资源的软件系统。根据大学英语听、说教学中需要反复听、练的特点,建立基于知识点片段的听说材料。(2)适用性原则。一方面,能够为学生提供丰富的语言和文化背景知识,体现英语教学的实用性;另一方面,适合高中低不同层次学习对象的需要。(3)趣味性原则。内容生动活泼,能够激发学生的学习兴趣,为学生提供多姿多彩的生活背景和富有情趣的交际情景。如由浙江大学编著、教学与研究出版社出版的《新编大学英语自主听力》在每一课的后面都配有与这一课听力主题有关的"Happy minute",这是趣味性原则在传统听力

教材中的应用。在现代信息技术上使用的数字化听说材料，更应体现这一原则。（4）可操作性原则。在技术上应可实现和易于操作，既适合、方便教师授课使用，也适合学生进行自主学习。（5）共享性原则。实现资源共享，让有限的资源发挥出最大的效益。

三、建设大学英语教学数字化资源库的方法与途径

1. 数字化大学英语听力教材。听力教材是大学英语教学的主要教学资源，只是它以磁带呈现的存储形式不适于数字化信息技术的要求。因此，数字化大学英语听力教材是建设教学资源库的首要任务。数字化大学英语听力教材，就是把听力材料从磁带转录到计算机中，以音频文件的形式存储在硬盘或光盘上，是从模拟信号到数字信号的一种转换。在数字化听力材料时，既要考虑到教材的完整、硬件设备的适应性，也要充分考虑到教师授课与学生进行自主学习的易用性。因此，在进行听力教材数字化时，为了便于课堂教学和学生的个别化学习，根据大学英语听力教学的特点，遵循积件设计思想，细分听力材料，如一个 Passage 或一个 Dialogue 就保存为一个音频文件。由于听力材料繁多，采用磁盘目录的树型结构来管理这些听力材料，各种用途、各层次班级的教材分别存放在不同的文件夹中。由于材料由电教人员制作、教师使用，故文件夹名及文件名均采用见名知义的命名方法。

2. 从各类音像节目和影视资料中选取并重新编辑。除了与教材配套的听力教材外，还要不断丰富教学资源库。英语听说学习的资源非常丰富，如英语歌曲、原声英语电影、英语电视节目等都是很好的学习资料。欣赏英文歌曲有利于激发学生学习英语的动机，提高学生学习英语的兴趣。也可以利用英文歌曲来进行如听写歌词、歌词填空、会话练习等形式的教学。利用影视片段进行教学是英语教学的一种重要且有效的教学形式，在视听中学生进入一个真实的外语交际环境，通过积极聆听去理解说话人的感受，感知和接收不同文化风俗，与角色共鸣。因此，可利用视频编辑工具软件把影片当中一些经典的、简练的、精彩的、适合教学使用的对白片段剪切下来。教师可利用这些影视片段来进行如给影片配音、让学生模仿角色会话、听写对白等的教学活动；学生则可以自主选听，或边听边跟读，模仿正确的语音、语调，学习正确的语用表达，通过反复练习，纠正自己的错误，学会地道的英语表达的能力。

3. 购买适合课堂教学或自主学习的英语学习软件目前英语学习软件越来越多，我们可以根据教学需要有选择地购买。如《走遍美国》《随心所欲说英语》等都是很好的多媒体教学软件，内容丰富多彩，不仅介绍了欧、美文化及生活习惯，让学习者犹如身临其境；还可以进行人机对话，配有大量的练习及答案，较适合用来进行自主学习。

4. 自己设计、开发制作多媒体语言实验室强大的教学功能，必须通过多媒体课件这种新的教学手段来体现。购买的学习软件，不一定能符合课堂教学的要求、满足教学需要，还必须由电教人员与教师通力合作，自己设计开发与制作针对性强、能满足教学需要的多媒体课件。例如，提高学生"说英语"的能力是大学英语教学的难中之难，为激发学生"说"

的兴趣，可以把一些口语化的材料制作成一个多媒体课件，利用课件学生可以通过模仿发音、电脑录音对比等，来培养与提高自己说英语的能力。

5. 制作英语学习网站导航网页、从互联网下载可用于教学过程的听说材料。互联网是英语教学资源的大宝库，等待我们去开发和充分利用。互联网上有很多针对学生的英语学习网站，有的可以进行在线听力练习，有的可以进行在线小测验，有的网站还有生动的多媒体课件。如，旺旺英语（http://www.wwenglish.org/）、洪恩在线（http://www.hongen.com/eng/）、世博英语（http://www.360abc.com/）、英语通（http://www.in2english.com.cn）等等，许多网站都有很多趣味性强、实用的听说材料。为了让教师与学生能够在浩如烟海的网络中快速地找到适合自己需要的材料，很有必要制作一个英语学习网站的导航网页，详细介绍各网站的特点、内容设置等。由于学习网站内容更新快，还必须把一些实用的听说材料下载以备后用。

四、教学数字化资源库的管理、维护以及教学应用

1. 管理与维护

为了保证数字化教学资源的安全性与可靠性、保证教学的正常进行，将资源库存放在服务器中集中管理，只有电教人员才有登录服务器的密码、有对教学资源库进行增删操作的管理与维护权限。在服务器上存放教学材料时，不同类型的教学材料存放在不同的文件夹中，以便资源库的管理、扩展和使用。可以采用共享目录的方法，使各语言实验室共享服务器上资源库的教学材料，也可以制作网页，把服务器挂靠在校园网上，让广大师生在网上访问、共享资源库。此外，还需要备份资源库，把教学材料刻录到光碟上，以防系统崩溃数据丢失，并制作数字化教学材料的详细目录，以便了解各种数字化教学材料的用途，并确保教师与学生都知道如何查找和利用这些材料。

2. 教学应用

有了教学数字化资源库，教师可以直接调用资源库的教学资料进行课堂教学。目前，我们是采用共享目录的方法来让各语言实验室共享服务器中的教学资源。根据大学英语教学的特点，教学平台在"我的电脑"或"Windows 资源管理器"进行即可。由于听说材料都是存储成数字音频文件或视频文件，自己制作的多媒体课件已打包成可执行的应用程序，通过文件的"打开方式"将音频文件与安装在教师机上的 Windows Media Player、Winamp、超级音频解霸或 RealPlayer 等多媒体播放器连接，将视频文件与 Windows Media Player、超级解霸或 RealPlayer 等多媒体播放器连接的办法，使用时，双击要使用的文件即可。需暂停、重复听、练都很方便，不管教师和学生的计算机操作水平是高还是低，都能应用自如。另外，教师也可以利用多媒体网络技术的互动性、开放性，创造性地组织资源库的教学材料，搭建能体现自己个人教学风格和教学方法的课件。

有了教学数字化资源库，使"以学生为中心"的数字化自主学习教学模式得以实现。

教师可以根据学生不同的特点,采用灵活多变的教学方法,选择不同的教学内容,对学生进行集体或个别辅导,从而克服教学中"一刀切"的现象,真正实现了因材施教的原则,弥补了课堂教学信息交流不足的缺陷。有了教学数字化资源库,在课外,学生可以在多媒体网络教室进行自主学习,根据自己的特点,选择适合自己的学习内容,按自己的进度进行学习,弥补大学英语课时少的不足;可以利用教学资源进行自我测试,及时发现学习的薄弱环节,自我调整学习内容和方法;可以通过人机会话,解决"开口说"的难题。

通过教学应用的实践证明,建设大学英语教学数字化资源库,在课堂教学中,教师可以充分发挥语言实验室的功能,利用教学资源,改革传统课堂教学的教学模式,实现了教学的非同步性、自主性、交互性和趣味性,提高了课堂教学的效果。同时,也为学生提供了丰富的语言学习材料,激发了学生的求知欲望,增强了学生的学习兴趣,不但缓解了缺乏外语氛围和输入不足这些长期困扰中国学生学习外语的问题,而且打破了课堂的局限,使教学活动延伸到学生的课外生活中去。此外,还有利于帮助解决困扰校园网络建设的"有路(网络)无车(教学资源)"的问题。

参考文献

[1] 林铭．现代教育技术——理论与实践 [M]．北京：电子工业出版社，2008．

[2] 蒋家博，唐春生，李美华．现代教育技术——技能训练与评价标准 [M]．北京：电子工业出版社，2005．

[3] 刘光然．多媒体 CAI 开发技术教程 [M]．北京：清华大学出版社，2004．

[4] 郑艳，李少勇．Office 2010 完全自学教程 [M]．北京：兵器工业出版社，2011．

[5] 余国庆．谈高校多媒体电教室的管理、使用与维护 [J]．高等教育科学，2008．

[6] 岑运强．语言学基础理论 [M]．北京：北京师范大学出版社，2005．

[7] 陈洪，刘北利．英语教育中的计算机应用 [M]．北京：人民教育出版社，2005．

[8] 陈吉棠，现代媒体与外语教学 [A]．谭晶华主编．教育技术论丛 [C]．上海：上海外语教育出版社 2002．

[9] 陈坚林．从辅助走向主导——计算机外语教学发展的新趋势 [J]．外语电化教学，2005（8）：9-12．

[10] 陈潇潇，葛诗利．自动作文评分研究综述 [J]．解放军外国语学院学报，2008（9）：78-83．

[11] 陈瑜敏，王红阳．多模态语篇图像的概念意义与图文关系 [J]．宁波大学学报，2008（1）：124-129．

[12] 程东元．外语教学技术 [M]．北京：国防工业出版社，2008:24-27．

[13] 邓星辉．现代信息技术与外语教师综合能力课程整合研究 [J]．当代教育理论与实践，2011（7）：62-63．

[14] 邓星辉．基于多媒体视角下的外语教学 [J]．外语与外语教学，2003（9）：28-30．

[15] 邓星辉．外语教学与信息技术整合环境下的教师角色研究 [J]．湖南科技学院学报，2006（8）：255-256．

[16] 顾佩娅等．计算机辅助语言教学理论与实践 [M]．上海：复旦大学出版社，2006．

[17] 顾日国．多媒体、多模态学习剖析 [J]．外语电化教学，2007（2）：3-12．

[18] 何安平，郑旺全．语料库视角下的高中英语教材与教法研究 [M]．北京：人民教育出版社，2009．

[19] 何安平. 语料库语言学与英语教学 [M]. 北京：外语教学与出版社，2004:250–255.

[20] 何高大，马蕾蕾. 试论 CALL 转型的后现代取向 [J]. 外语教学，2007（1）：60–64.

[21] 何高大. 现代教育技术与现代外语教学 [M]. 南宁：广西教育出版社，2002.

[22] 何克抗. 教学设计理论与方法研究评论（上）[J]. 电化教育研究，1998(2):3–9.

[23] 贾国栋. 计算机辅助语言教学理论与实践 [M]. 北京：高等教育出版社，2007.

[24] 庞维国. 自主学习学与教的原理和策略 [M]. 上海：华东师范大学出版社，2003.

[25] 陈晓棠. 英语教材分析与设计 [M]. 北京：外语教学与研究出版社，2002.

[26] 隋铭才. 英语教学论 [M]. 南宁：广西教育出版社，2001.

[27] 董奇. 成长记录袋的基本原理与应用 [M]. 西安：陕西师范大学出版社，2002.

[28] 蔡铁权，楼世洲，张剑平. 现代教育技术教程 [M]. 北京：科学出版社，2000.

[29] 南国农. 信息化教育概论 [M]. 北京：高等教育出版社，2004.

[30] 肖礼全. 英语教学方法论 [M]. 北京：外语教学与研究出版社，2005.

[31] 罗毅，蔡慧萍. 英语课堂教学策略与研究方法 [M]. 武汉：华中科技大学出版社，2011.

[32] 晨梅梅等. 探索与变革：转型期的英语教学 [M]. 北京：商务印书馆，2004.

[33] 樊永仙. 英语教学理论探讨与实践应用 [M]. 北京：冶金工业出版社，2009.

[34] 武尊民. 英语测试的理论与实践 [M]. 北京：外语教学与研究出版社，2010.

[35] 姚敏. 英语教学法 [M]. 北京：中国文联出版社，2004.

[36] 严明. 大学英语自主学习能力培养模式研究 [M]. 哈尔滨：黑龙江大学出版社，2009.

[37] 梁茂成，李文中，许家金. 语料库应用教程 [M]，北京：外语教学与研究出版社，2010.

[38] 盛群力，李志强编著. 现代教学设计论 [M]. 杭州：浙江教育出版社，1998.

[39] 苏勇等. 数字化外语教学研究 [C]. 北京：北京航空航天大学出版社，2009.

[40] 王立非，梁茂成. 计算机辅助第二语言研究方法与应用 [M]. 北京：外语教学与研究出版社，2007.

[41] 王琦. 信息技术环境下的外语教学研究 [M]. 北京：中国社会科学出版社，2006.

[42] 许智坚. 多媒体外语教学理论与方法 [M]. 厦门：厦门大学出版社，2010.

[43] 余国良. 语料库语言学 [M]. 成都：四川大学出版社，2009.

[44] 章国英. 计算机辅助外语教学与研究 [M]. 上海：上海外语教学出版社，1995.

[45] 章宜华. 计算词典学与新型词典 [M]. 上海：上海辞书出版社，2004.

[46] 中华人民共和国教育部. 义务教育英语课程标准 [M]. 北京：北京师范大学出版社，2011.

[47] 朱介文，许智坚. 从中学外语的教学目的看外语教学方法 [J]. 龙岩师专学报，2000.

[48] 朱平等．最新多媒体教学电子课件制作[M]．北京：清华大学出版社2，006．

[49] 邹晓玲．现代英语教学技术基础[M]．重庆：重庆大学出版，2007．

[50] 赵勇．教师应当掌握怎样的技术[J]．中国远程教育，2003(5)．

[51] 刘万年．教育信息化与信息化教育[J]．电化教育研究，2003(10)．

[52] 杜泽娟．教育信息时代的教师专业发展[J]．电化教育研究，2008．

[53] 刘鹤．试论师范生信息素养教育的若干问题[J]．电化教育研究．2004(10)．